Yeni Medya ve İletişim

Yeni Medya ve İletişim

Sami ÇÖTELİ

ISBN: 978-605-7890-72-6

İkincii Baskı: Kriter Yayınevi 2021 / İSTANBUL

Yayınevi Sertifika No: 11413

Anahtar Kelimeler: Yeni Medya, Dijital Kimlik, Dijital Kültür, Dijitalleşme

İkinci Baskı, 156 s. 13,5 cm x 21 cm

Kaynaklar var, Dizin yok

Kapak Tasarımı: Ahmed BARAN

Mizanpaj: Kriter Yayınevi

Baskı: Çözüm Baskı Merkezi Ticaret Limited Şirketi
Emniyetevleri Mahallesi Güvercin Sokak No:7/1
Kağıthane / İstanbul

Matbaa Sertifika No: 49099

İletişim

Hobyar Mah. Ankara Cad. Güncer Han No: 17 Daire 306

Fatih / İSTANBUL

Tel /Fax: 0 212 527 31 89

info@kriteryayinevi.com

www.kriteryayinevi.com

Yeni Medya ve İletişim

Sami ÇÖTELİ

İkinci Baskı

İstanbul – 2021

KRİTER

Eşim Seda'ya

ÖNSÖZ

Günümüzün en yoğun bilgi ve eğlence kaynağı olan yeni bilgi ve iletişim teknolojisi internet ve onun dolayımındaki sosyal ağlar, çevrimiçi oyunlar, reklamlar bireylerin toplumlararası boyutta ve çok çeşitli yönlerden değişim geçirmesini sağlamıştır. Kimileri bu değişim için şüpheci ve negatif yaklaşırken, kimileri de faydacı bir yaklaşımla konuları tartışmaktadır. Yeni bilgi ve iletişim teknolojileri karamsar ya da pozitif bakış açısıyla tartışılmakta olsa dahi kişilerarası ve kurumsal iletişim biçimlerini derinden ve tarihte görülmemiş bir değişime uğrattığı açıktır. Kuramcılardan bazıları konuyu dijital medya şirketlerinin elde ettiği kazançlar yönünden ele alırken, internet kullanıcılarının yaşadıkları deneyimler üzerinden hatta onların sırtından büyük paralar kazanıp, kullanıcıları sömürdüğü fikrini ortaya atmıştır. Bunun yanı sıra bu düşünceyi görmezden gelenler, internetteki sınırsız bilgi kaynağının insanlığın gördüğü en büyük arşiv olarak değerlendirmektedir. İletişimin anlık ve düşük maliyetli hıza ulaşması da bir başka açıdan pozitif düşünceyi oluşturur.

Yeni bilgi ve iletişim teknolojileri tarihteki tek icat değildir ve tarih boyunca gelen her yeni icat kendinden önceki araçları ya da davranış biçimlerini değiştirmiştir. Üretim biçimlerindeki değişim, Avrupa'da feodal yapının çöküşü, buharlı makinaların icadı, telgrafın, telefonun, sinemanın ve televizyonun icadı gibi olaylar ve icatlar insanlığın hem yaşayış biçimini, hem iletişim biçimini hem de toplumsal katmanların el değiştirmesini sağlamıştır. Telefon ile mektuplaşmanın son bulması ya da televizyon ile izleyicinin sinema salonlarından uzaklaşması sosyal topluluk kavramının ve kişilerarası iletişim biçimlerinin değişmesini ve bu kavramların yeniden tartışılmasını sağlamıştır. Ya da telefonla iletişimin yerini, anlık mesajlarla yazışmalar ya da sadece ikonlarla duygu durumunu anlatmaya çabalayacak basit iletişim biçimi almıştır. Günümüz yeni bilgi ve iletişim teknolojileri de sahip olduğu etki ve güç bağlamında toplumsal yapı üzerinde hakim olmuştur. Bu sayede bireyler gündelik davranış kodlarından, iletişim biçimlerine, mahremiyetten, aktif izleyici konumuna geçmeye kadar çok çeşitli yönlerden ele alınabilecek tartışmaların odak noktası haline gelmiştir. Birey sosyal medyada yarattığı dünyayı gerçek dünyaya –ya da tersi- kaydırmaya çalışması ile gündelik davranış kodlarını terk etmeye rıza göstermiştir. Bu haliyle birey kendisini nasıl sunmak istiyorsa göstergelerini de bu yönde seçmek için çalışmaktadır. Sosyal ağlar yeri geldiğinde bireyin sunumunu güçlendirmek adına mahremiyet duvarını da aşmaya ihtiyaç duymaktadır. Hatta içerik üreterek sadece izleyici konumdan medya üreticisi konumuna geçmesi de yine sosyal medya deneyimi ile ortaya çıkmıştır. Yeni bilgi ve iletişim teknolojileri ile aracın sahibi bireydir. Ve istediği kurmaca dünyayı aracın gücü ve özelliklerine bağlı olarak sağlayabilir. Hazırlanan içerikler, gazete, dergi ya da video kasetin düşük hızının aksine, verinin ışık hızında anında ve ucuza aktarılmasını sağlamaktadır.

Yeni bilgi ve iletişim teknolojileri yeni bir temel ve alt gruplara ayrılabilecek kültürün de ortaya çıkmasını sağlamıştır. Ortaya çıkan bu kültür, dijital kültür ve bu kültürün taşıyıcıları da ağa bağlı ve Manuel Castells'in tabiriyle *ağ toplumu* üyeleri olan dijital kimlikli bireylerdir. Dijital kimlikli bireyler, hemen her işini internet ve ona bağlanabilen cihazlar ile yaşamlarını yöneten bireylerdir. İşlerini de bu yolla sürdürürken, eğlence biçimlerini de dijital platformlar üzerine kurmuşlardır. Dijital kültür köklerini internetin ilk ürünü olan web sayfalarında ve eposta ile kurulan iletişim biçiminde bulmuştur. Ardından gelişen internet teknolojisi ve bu teknolojiye entegre edilen geleneksel iletişim yollarının yanı sıra üretilen sosyal uygulamalar ve bilgisayar oyunları dijital kültürün gelişmesine, ağa bağlı bireylerin de sayısının artmasına zemin hazırlamıştır. Bireyler dijital kültürü yaşarken, geleneksel kültür biçimlerini de bu yönde evirmiş ve değişime uğratmıştır. Ortaya çıkan bir diğer değişim de kültürün dijitalleşmesi gibi kimliğin de dijitalleşmesi ve yeni bir hal almasıdır. Dijital kimlik bireylerin gerçek dünyadan bağımsız olarak dijital evrende kurdukları dünyanın vitrini görevini görür. Önemli olan gerçek kimliğin eksiklerinin gözden geçirilip, düzenlendiği ve güçlendirildiği bir kimliğin dijital yoldan inşasıdır. Birey dijital kimliği ile dijital evrende varlığını sürdürür. Özellikle dijital kimliğin gerçek kimlikle olan bağlantısı, dijital platformun yapısına göre yakından ilişkili ya da tamamen ilişkisiz olabilir. Bu fark sosyal medyadaki dijital kimliğin inşası ile, çevrimiçi oyunlarda kullanılan dijital kimliğin inşası arasında ciddi farkların olabilmesidir.

Bu kitap dijitalleşmenin toplumlar, bireyler, siyaset, medya, reklamcılık üzerindeki etkilerini ortaya koymak için hazırlanmış ampirik bir çalışmadır. Çalışmanın amacı yeni bilgi ve iletişim teknolojilerinin negatif ya da pozitif yanlarını ortaya çıkarmaya çalışmaktan çok durum analizleri ve alan araştırmaları ile bireyin bu teknolojilerle ne yaptığını tartışmaktır.

Dr. Sami ÇÖTELİ

İstanbul, 2019

İÇİNDEKİLER

GELENEKSEL KİTLE İLETİŞİM ARAÇLARININ İNTERNET İLE YAŞADIĞI DÖNÜŞÜM VE YENİ MEDYA

Geleneksel kitle iletişim araçlarından herhangi birine ya da tümüne sahip olma mobil cihazların gündelik yaşantıya girmesine kadar sosyal statü ve alım gücü sembolü olmuştur. Günümüzde hala hi-fi ses sistemlerine ya da en son teknoloji akıllı ve geniş ekran televizyona sahip olma bireyin kendi tatmin duygusunu gidermesi ve kendisini sosyal çevresinde konumlandırma çabasından ileri gelmektedir. Tüketim toplumu içerisinde televizyon, radyo ve ev telefonu gibi iletişim sistemlerinin sağladığı statü, yerini mobil cihazlara –cihazın piyasa değeri ve popülerliği önemli parametrelerdir- bırakmış durumdadır. Nanda Shrestra'ya göre; "*Yoksullar ellerinde bulunan az miktarda para ve kaynağın tamamını ya toplumsal aşağılanmayı önlemek uğruna, yaşamsal ürünler yerine anlamsız tüketim objeleri için harcamak zorunda kalacakları ya da kendileriyle dalga geçilmesini kabullenmek zorunda olacakları bir konuma sıkıştırıyorlar*".[1] Günümüzde kaynak sağlayabilmek için bankaların sunduğu mikro krediler çoğunlukla teknolojik tüketim nesnelerine yönlendirilmiş durumdadır. Bu durum; bireyin tüketim söylemlerine karşı savunmasız kalması ve aynı tüketim söylemlerinin daha iyi bir yaşantı inşa edebileceğine olan saf bir inançtan kaynaklanmaktadır.

---

[1] Akt. Hartmann, Küresel Çarkın Dışında Kalanlar, s. 17.

Geleneksel kitle iletişim araçlarındaki iletişim biçimi bireyin bitimsiz şekilde tüketime yönelmesini, trend düşünceleri benimsemesini ve mevcut statükonun varlığına rıza göstermesini sağlar. Birey sosyal yaşantı içerisinde yer edinmeye çalıştığında toplumsal olarak kabul gören egemen düşünce biçimiyle karşılaşır ve bunun bir parçası olabilmek için tüm kaynaklarını kullanmaya hazırdır. Geleneksel kitle iletişim araçlarına sahip olma ile başlayan tüketim, bugün mobil cihazların en teknolojik öğelerle donatılmış olanına kadar düşmüştür. Sahiplik ilkesi olarak adlandırabilecek olan sosyal yaşantı içerisinde yer edinme çabası, antik Yunan'dan günümüze sarkmış olan kamusal alan ilkesinin, post-modern devamı niteliğindedir. Arendt'in ortaya koyduğu kamusal alana çıkmak ve söylemlerini özgürce dile getirebilmenin ön koşullarından olan mülk sahipliği, bugün yerini teknolojiye sahip olmak olarak değiştirmiştir. Bu konuda teknolojiye sahip olmak mı, yoksa onun tutsağı olmak mı ayrı bir tartışma konusu şeklinde teknolojik determinizm başlığı altında tartışılacaktır.

Kamusal alan kitle iletişim araçlarının onsekizinci yüzyıldaki ideal yapısı ile birlikte kamusal alan işlevini burjuva kamusal alanından devralmıştır. Ancak Habermas'a göre, piyasa kapitalizminden tekelci kapitalizme geçişle kitle iletişim araçları siyasal ve ekonomik çıkarları gözetmenin yanı sıra iktidar baskısı altında kalmış, kamusal alanın işlevleri devlet ve özel şirketlerce devralınmış, bu durum kamusal alanı tahakküm alanı haline getirmiştir.[2] Medyanın global şirketlerce yönetilmesi bunun yanı sıra birçok medya etkinliğinin ve kendisinden daha küçük medya şirketlerinin global devlerin bünyesinde yer alarak kamusal alana girmesi, bireyin kamusal akıl üretiminin ortak paydaşlığını elinden almış ve onu medyanın tüketime hazır nesneleri durumuna getirmiştir. Büyük şirketlerin kamusal alana girmesi, bireyin

---

[2] Aydoğan, İkinci Medya Çağında İnternet, s. 10.

yurttaşlık kimliğini elinden almış ve onu medya gösterilerinin tüketicisi durumuna getirmiştir. Geleneksel medya şirketleri iki yönlü olarak varlığını sürdürmektedir. Kar amaçlı, borsa gözüyle medyayı görenler ve ticari ve/veya siyasi amaçlarla sektöre girenler ile gazetecilik ya da diğer medya kökenli olarak varlığını sürdürme çabası içerisinde olanlar. Medya geçmişi olmayan büyük şirketler etik değerlerden uzak, salt kar etme çabası ile toplumsal düzen üzerinde tehlikeli bir baskı oluşturmaktadırlar. Bu baskı kimi zaman iktidar ya da iktidar karşıtı ama her hâlükârda siyasal çıkarlar doğrultusunda hissedilir. Mevcut konjonktür ne yönde hareket ediyorsa söylem biçimleri de aynı yönde ya da amaca yönelik ters yönde gerçekleşmektedir. Kimi zaman da tüketimi ve tüketim kültürünü yönetecek yayınlar kitleye etkileyici biçimde sunulmaktadır. Burada amaçlanan hedefler doğrultusunda geleneksel yayın araçlarının teknolojik alt yapısı önemli yer teşkil etmektedir. Kitleler ile medya kuruluşu arasındaki yayın aracı geleneksel biçimlerde tek taraflıdır. 1983 yılında Amerikan medyasını elli medya şirketi kontrolü altında tutarken, 2003 yılında bu rakam, şirket evlilikleri, iflaslar ve satın almalarla beşe (Reinhard Mohn, Time Warner, Disney, Viacom, News Corp) düşmüş ve kendi içlerinde de kurdukları ortaklıklarla Avrupa ve Amerika'da büyük güce sahip olmuşlardır.[3] Reklam ve kitle iletişim araçlarının, az sayıda kurum, bireyin elindeki muazzam ekonomik ve kültürel gücü yoğunlaştırarak, demokratik olmayan bir sosyal düzenin gelişimine ve çoğaltılmasına katkıda bulunmaktadır.[4] Günümüzde bu şirketler yeni medya üzerinde de kontrol edici bir yapı kurmuşlardır. HBO, Netflix ve AOL (American OnLine) gibi internet tabanlı yayın platformları sayesinde internet dizi ve seriyalleri ile izleyici sayısını ve tabiki kazançlarını arttırmışlardır. Yeni medyanın bütün özelliklerini kullanarak, yeni olan bu yayın biçimini bağlamından kopartarak

---

[3] Bagdikian, Yeni Medya Tekeli, s. 35-36.

[4] Harms ve Kellner, Toward A Critical Theory Of Advertising.

izleyici odaklı gibi görünen tek taraflı yayınlar hazırlamaktadırlar. Özellikle HBO ve Netflix gibi yeni medya yayın platformları izleyici profillerinin analiz edilmesi ile doğrudan izleyicinin taleplerini karşılayacak yayınlar hazırlayarak izleyici sayılarını garanti altına alabilmektedirler. Burada bu büyük medya kuruşlarının ellerinde bulundurduğu Büyük Veri (Big Data) devreye girmektedir. Ancak yayın şirketlerinin ellerinde bulundurduğu yayın platformları sadece izleyiciyi çekmek için kullanılan konvansiyonel medyadan çok da farklı olmadığı gibi dolaylı yoldan izleyiciyle iletişim kurmaktadır.

Geleneksel kitle iletişim araçları teknolojik altyapısı gereği izleyiciyle dolaysız yoldan etkileşim kuramaz. Etkileşimi yaratmak ve aracın ailenin bir ferdi algısı yaratmak adına, sohbet içerikli radyo ya da televizyon programları canlı olarak yapılır ve izler/dinler kitlenin canlı telefon bağlantıları ile katılımı sağlanır. Ancak bu durum popüler kültür ürünü olan yapımlar için geçerli olan ve kitleyi, araca kendisini yakın hissetmesi için kurulmuş bir illüzyondur. İzleyici bu illüzyon içerisinde ne düşünmesi gerektiğinin değil, geleneksel kitle iletişim araçlarının ne düşündürtmek istediğinin etkisi altındadır. Çünkü siyasallaşmış ve kültür üreticisi/yayımcısı olarak konumlanmış olan geleneksel kitle iletişim araçları gündemi oluşturur, onu güçlendirir ve yönlendirir. İzleyiciye ne düşünmesi gerektiği söylerken, ne hakkında düşünmesi gerektiğini de söyler. Kültür endüstrisinin tüketime hazır kültür biçimlerinin yayılmasında ve benimsetilmesinde başat rol üstlenen kitle iletişim araçları, toplumsal yapıyı değiştirme, politik bağlamından koparma ve eleştirel düşüncenin yıkıma uğratılması konusunda çeşitli televizyon ürünlerini ortaya çıkarmıştır. İçi boşaltılmış ve halkın duyması gerektiği kadarını sunan haber ya da haber tartışma programlarının yanı sıra izler kitleyi uyuşturan ve toplumsallığı yapı bozuma uğratan yayın türlerinden olan reality şov ve yarışma programları, popüler kültür ihtiyacını da gideren önemli tür olarak karşımıza çıkar. Özellikle fiziksel dayanıklılığa ya da kişisel becerilere dayalı yarışma programları reyting kaygılarıyla, yarışmacıları karşılıklı arena savaşlarına dönen bir mücadeleye sürükler. Bu mücadeleler psikolojik ya da fiziksel şiddete varan durumlarla noktalanır. İzleyici tarafından şiddetin ve nefretin meşrulaştırılmasına sebep olan bu tür programlar toplum içerisinde yaşanabilecek taraf olma durumunu fanatizm boyutuna yükseltir. Bu türden programlar ağırlıklı olarak iktidarların söylem biçimlerinin bir yansıması olarak karşımıza çıkar. Çünkü medya siyasallaşmış yapısıyla, egemen siyasal dilin bir yansımasıdır.

Siyasallığını tam anlamıyla ortaya koymuş olan yayın kuruluşları, enformasyonu dolaysız, sansürsüz ve üretimden geçmemiş yalın haliyle izler kitleye ulaştırmamaktadır. Habermas bu konuda, politik basının sağladığı argümanların rasyonel eleştirel müzakerenin önüne geçtiğini söylemiştir.[5] Medyatik kamusal alanda yaşanan politik ve kültürel medya üretimleri ile toplumun tüketimine hazır olarak sunulan medya içerikleri, izleyiciler üzerinde derin etkilere yol açmaktadır. Ortaya çıkan yıkıcı etkilerden kendini ve toplumsallaşmayı korumak için karşı kamular ve alternatif medya yoğun çaba harcarken, egemen söylem biçimi dayatmacı bir yol izlemektedir. Ancak karşı kamusal alanların beklentilerinin, tamamıyla kamusal alanda oluşan enformasyonun doğrudan aktarılması yani demokratikleştirilmesi ve yeniden üretime girmemesi olduğunu söylememiz gerekir, çünkü kitle iletişim araçlarının realizasyon sorumluluğunun bilincinde olan karşı kamular yeniden üretimi tamamıyla reddetmektedir. Bu anlamda kamusal talepleri örgütleyerek etkili bir kamuoyu baskısına dönüştürme gücüne sahip olan internet, halkın pro-aktif yönelişinde, yani talepleri için bastırma noktasına gelmesinde önemli bir güdüleyici etkendir.[6] Alternatif yayın kaynağı olarak

---

5 Akt. Demircan, İnternet Kamusal Olabilir mi?, s. 146.

6 Köse, Küresel "Akıntıya Karşı" Sivil Arayışlar Alternatif Medya, s. 271.

görülen internet ve onun dolayımındaki sosyal siteler, halkın kendisini engellere takılmadan ifade ettikleri, ortaklıklar kurdukları bir forum görevini üstlenmektedir. Sosyal medyalar aracılığıyla, birey kendisini çok çeşitli yollardan ifade etme imkanına sahiptir. Ayrıca birey bu yolla yani sosyal medya ile görünürlük alanı kazanmıştır. Bu alanda ürettiği içeriklerle sanal medyatik kamusal alana giriş yapar ve bu alanda kalabilmek adına gerçek kimliğini yeniden gözden geçirir. Medyatik kamusal alanın sahip olduğu demokratikleştirme sorumluluğunun devre dışı kaldığı durumlarda yeni medya arayışları içerisine girmek ve iletişimi bu noktada çok yönlü hale, yani demokratik yurttaş katılımının mümkün olduğu forma uydurmak için geleneksel kitle iletişim araçlarını yenileriyle değiştirme ihtiyacı doğar. Bu arayış yüksek miktarda yurttaş katılımının mümkün olduğu ve merkezi kontrolden bağımsız yayın araçları ortaya çıkana kadar sürecektir. Günümüzde bu ihtiyacı şimdilik karşılayan kitle iletişim aracı internet ve ona bağlı çalışan uygulamalardır. Öte yandan internet geleneksel iletişim biçimlerini de değiştirmiş, kendine has bir dil ve kültür geliştirmiştir. İnternetin geleneksel medyaya yaptığı katkılardan en önemlisi, yurttaş gazeteciliğinin artık görsel belgelere dayandırılması olmaktadır. Basının yetişemediği olaylarda yurttaş kimliği ile internet platformlarına yüklenen fotoğraf ve video içerikleri, basın tarafından kullanılmaktadır. Bir başka açıdan geleneksel medya, Youtube gibi internet izlence platformlarında en çok izlenenleri takibe alıp benzer içerikleri, geleneksel medya biçimlerine uydurmaya çalışmaktadır. Ancak aradaki en önemli olan yurttaş katılımındaki biçim farkı nedeniyle, iki medya biçimi ortaklık kurmaktan öteye geçemeyecektir. En saf haliyle buradaki ortaklıkta; yeni medya, geleneksel medyayı kullanma ihtiyacını duymazken, geleneksel medya, yeni medyadan faydalanmak durumundadır. Aksi halde güncelliğini yitirir. Bir diğer önemli fark ise; geleneksel kitle iletişim araçları kurumsallaşmış yayın gruplarından ve kurumsallaşmış enformasyondan oluşurken, yeni medya kamusallaşmış bağımsız ve yurttaş katılımına olanak tanıyan bir alana tekabül eder. Bu alandaki enformasyon yine yurttaş katılımı genelinde ortaya çıkar. Bu alanın enformasyon üretimi çok çeşitli kaynaklardan gelir. Kaynaklar çoğunlukla bireysel kullanıcılar tarafından üretilirken, az miktarda kaynak kurumsallaşmış yapıların reklam amaçlı üretimlerinden oluşmaktadır.

Yazılı basının ve paylaşılan fiziksel bir mekândaki yüz yüze etkileşimin varlığına dayandırılmış olan kamusal alan düşüncesi, elektronik kitle iletişim araçlarının gelişmesi sonucunda dönüşüme uğramıştır.[7] Yirminci yüzyılın sonlarıyla birlikte bilgi ve iletişim teknolojilerinde meydana gelen gelişmeler ışığında makro düzeyde toplum üzerinde, mikro düzeyde ise medyanın kurumsal yapısında değişikliklere neden olmuştur. Kamusal alanda yaşanan gelişmelerin ve değişimlerin, demokratik değerleri ve unsurları çok yakından etkilediği düşünülürse, internetin demokratik katılım düzeyinin yükseltilmesine önemli katkıları bulunmaktadır. İnternet teknolojisi ile birlikte, öncelikle kamusal tartışmanın ve ifadenin sınırları genişlemiş, sanal ortamda edilmiş bir sözün ya da tartışmanın etki sınırları ulus-devletlerinkini de aşarak tüm insanlığı kapsayan bir uzama yayılmıştır.[8] Geleneksel kitle iletişim araçları, kamuoyu oluşturma işlevi gücünü yeni medya araçları olan internet bağlantılı uygulamalara bırakmıştır. İnternetin ve onun dolayımındaki sosyal medya, elektronik dergi ve gazeteler, spesifik gruplara hitap eden web siteleri, web tabanlı ansiklopediler bilginin yayılması ve bilgiye ulaşma bakımından geleneksel medyalardan daha etkilidir. Bu anlamda geleneksel medyalar da kendi web uyarlamalarını yapmakta ve ulaşılabilirliğini artırmaya çalışmaktadır. Negroponte'ye göre; "Dünyanın birçok bölgesinde izlenebilen bir televizyon kanalı

---

[7] Özmen, Kamusal Alan Olarak Televizyonda Devlet Otoritesine Direnenler Ve Televizyon Dizilerinde Temsili, s. 44.

[8] Köse, Küresel "Akıntıya Karşı" Sivil Arayışlar Alternatif Medya, s. 271.

olan CNN'in ve Amerika'nın önde gelen gazetesi USA Today'in teknoloji ile birlikte değişen yeni formları daha çok kişiye ulaşacak".[9] Çevrimiçi gazete denemesi ilk olarak 1979 yılında CompuServe şirketi tarafından başlatılmış ve 1980 yılında Associated Press haber ajansı ile ortak deneme yayınıyla gerçekleştirilmiştir. Associated Press üyesi olan Washington Post, The New York Times, The Minneapolis Star Tribune ve The San Francisco Chronicle gibi birçok gazete bu projeye katılmıştır. Ortaya çıkan çevrimiçi sürümler web sayfası mizanpajına bağlı kalınarak hazırlanmış ve gazeteler basılı sürümlerinden daha farklı bir sayfa yapısına sahip olmuştur. Sayfa biçiminin ve haber sütunlarının farklı kullanımı okur açısından okuma biçiminde değişikliğe sebep olmuştur. Geleneksel kitle iletişim araçlarından olan gazete ve dergi gibi basılı yayınlarda okuma biçimi çoğunlukla doğrusal ve sayfalar arasında geçiş şeklindedir. Ayrıca okuma alışkanlığı zaman ve mekâna bağımlıdır. Bunun yanı sıra belli bir ebadı olduğu için taşınması açısından çanta gibi taşıyıcılara ihtiyaç duyar. Oysa ki zaman ve mekândan bağımsız olarak kolayca taşınabilen, internete bağlantısı olan mobil cihazlar vasıtasıyla bilgiye ve güncel haberlere ulaşmada kolaylık sağlanmıştır. Mobil cihazlar üzerinden yapılan okuma biçimi geleneksele göre doğrusal değil, parçalıdır. E-gazete içerisindeki bir haberin seçilerek, o habere ilişkin sayfasına giderek okuma yapılır ve sayfa içerisindeki haber ile alakalı ya da benzer haberlere olan bağlantılar sayesinde, okuma biçimi gezinme biçimine dönüşmektedir. Haber akışlarının e-gazete ya da haber portallarından sosyal medya ile paylaşıma açık olması sayesinde, okur ilgisini çeken bir haberi sosyal medya hesabından paylaşabilir. Haber okuma alışkanlığı sosyal medyadan paylaşılanları okumakla sınırlı olan okurlar ise; bu paylaşımla bölüklü bir okuma biçimini sağlamış olmaktadırlar.

---

[9] Negroponte, Yarına Yolculuk, s. 46.

Sosyal medya, internet dolayımlı bilgi ve enformasyon teknolojilerinin gelişimi ile birlikte gazete, radyo ve televizyona ait özellikleri taşıyan ve hatta daha fazlasını kendi teknolojik bünyesinde birleştirebilen bir yapı olarak karşımıza çıkmaktadır. Bu değişim işitsel-görsel medya araçlarının yaygın kullanıma girmesi ile yeniden dönüşüme uğramıştır. Web 2.0'dan itibaren internet teknolojilerinin gelişmesi ve kullanıcıların internet üzerinden sohbet etmelerine olanak sağlayan teknolojilerin üzerine eklenen sosyal medya ile de kamusal alan düşüncesi yeni bir evreye girmiştir. Sosyal medya tıpkı televizyon kadar kullanımı basite indirgenmiş bir sosyal paylaşım ve sohbet ortamı olarak, kullanıcılara geleneksel kitle iletişim araçlarının veremediği çok yönlü iletişim ortamını hazırlamıştır. Geleneksel kitle iletişim araçlarının oluşturduğu kamuoyuna paralel, sosyal medyada da kamuoyu oluşmuş ve her birey söyleyecek sözünü bu kamuoyunda paylaşma imkanı bulabilmiştir. Bu noktada sosyal medyanın kamuoyu oluşturma işlevi önemlidir, çünkü demokratik yaşamın ilkelerinden biri olan yurttaş katılımı sosyal medyada geleneksel medyaya göre daha işlevsel ve başarılıdır. Yurttaş katılımının internet üzerinden kolaylaşması ve statü farklarının asgari düzeye inmesi ya da tamamen kalkması, öte yandan anonim kimlikler yaratımının da kolay oluşu kullanıcıların yeni bir kültürlenme biçimine sürüklenmesine ortam sağlamıştır.

Teknolojik gelişmeler karşısında sosyal, kültürel ve gündelik yaşantı teknolojiler üzerinden yeniden üretilmektedir. Bazı araştırmacılar sosyal ağları, kişiler arasındaki karşılıklı etkileşimi destekleyen, ortak ilgi alanlarına sahip bireylerin paylaşımını arttıran ve herkesin kendi kişisel profilini ve iletişim kurmak istediği arkadaş listesini oluşturma şansı veren web tabanlı ortamlar olarak tanımlamaktadır.[10]

---

[10] Akyazı ve Ünal, İletişim Fakültesi Öğrencilerinin Amaç, Benimseme, Yalnızlık Düzeyi İlişkisi Bağlamında Sosyal Ağları Kullanımı, s. 3.

Sosyal medya, internetteki görsel-işitsel depolamaya dayalı web siteleri, bloglar, podcast'ler, içerik paylaşım siteleri ve sosyal paylaşım ağları aracılığıyla oluşturulan elektronik-sayısal iletişim ortamıdır.[11] Web 2.0'ın teknolojik temelleri üzerine kurulan ve kullanıcı tarafından üretilen içeriklerin oluşturulmasına ve paylaşılmasına imkan vermektedir. Facebook, Twitter, LinkedIn, Xing, Instagram gibi sosyal ağ siteleri "sosyal medya" kavramı dâhilinde, insanların tanıdıkları ile iletişim kurmasını, eski arkadaşları ile tekrar görüşmesini, hobiler, ilgi alanları, topluluklar ve arkadaş çevreleri ile yeni insanlarla etkileşimli ilişki kurma fırsatını sağlar. Sosyal medya, web içeriğinin kullanıcı tarafından tasarlanması ile oluşur. Kullanıcılar web üzerindeki sosyal medya sitelerinde etkin durumdadır ve belli oranda kontrol kullanıcıdadır. Sosyal ağlarda aslında işin özü sanal bir "cemaat" oluşturup bunlarla birlikte hareket etme, fikirleri paylaşma, yeni çözümler üretme ve benzeri çalışmalar yapmaktır.[12] İşman ve Albayrak'ın aktarımıyla: Tiryakioğlu ve Erzurum sosyal ağları, iletişimin ve sosyal ilişkilerin kurulabildiği, kişilerin, fikirleri, etkinlikleri ve ilgi alanları gibi kişisel bilgilerini kendi ağlarıyla paylaşma imkanı sunan bir çevrimiçi servis olarak tanımlamıştır.[13] Sosyal medya kullanıcılarına, geleneksel medya denklemindeki edilgen alımlayıcıların aksine, etken bir biçimde içerik üretme, bunu diğer kullanıcılarla paylaşma ve paylaşılan içeriğe ilişkin geribildirimi çok daha etkin ve hızlı bir biçimde elde etme olanağı sunar.[14] Sosyal medya, geleneksel kitle iletişim araçlarının aksine kullanıcılarının kendi anlamlarını ürettikleri bir

---

[11] Yılmaz, Sosyal Medya Kullanımında Güncel Tartışmalar: Üniversite Öğrencileri Örneğinde Mahremiyet -Kamusal Alan İlişkisi, s. 247.

[12] Akyazı ve Ünal, a.g.e, s. 3.

[13] Akt. İşman ve Albayrak, Sosyal Ağlardan Facebook'un Eğitime Yönelik Etkililiği, s. 130.

[14] Köseoğlu, Bir Pazarlama İletişimi Ortamı Olarak Facebook: Reklam ve Elektronik Ağızdan Ağıza Mesajların Karşılaştırılmasına Yönelik Bir Analiz, s. 75.

platformdur. Burada birey kendisini çok çeşitli sayısal, görsel, işitsel ve metinsel verilerle ifade etme olanağına sahiptir. Sosyal medya belirli bir topluma ya da ilgi alanına hizmet etmekte ve profesyonel olmayanların da medya üretimine, organizasyonuna ve yönetimine aktif katılım olanağı sağlamaktadır.[15] Köseoğlu'nun aktarımıyla: Boyd ve Ellison sosyal ağ sitelerini, "bireylerin, sınırlandırılmış bir sistem içinde kamuya tamamen açık ya da yarı açık profiller inşa etmesine, paylaşımda bulundukları kullanıcılardan oluşan bir liste yaparak bunu ilan etmelerine ve sistem içerisinde kendileri ya da başkaları tarafından oluşturulmuş bağlantı listelerini inceleyip karşılaştırmalarına olanak sağlayan web temelli hizmet siteleri" olarak tanımlamaktadır.[16] Sosyal ağlar gerçek sosyal yaşam gibi mekân ve zaman ilişkisine ihtiyaç duymaksızın siber uzama yayılmıştır. Gerçek ve siber olanda kullanılan dil, eylem biçimi ve altyapı bakımından derin farklılıklar içermektedir. Siber uzamda yer alan her şey kullanıcı için yakınsallık ve gerçek zamandan farklılığı içermektedir. Sosyal ağlar çok uzaktaki bireyler ile diyalog kurmada ya da onun yayınladığı içerikleri incelemek için fiziki bir yakınlığa ihtiyaç duymaz. Sosyal ağların özü geleneksel iletişim kodlarının yok sayılması ve iletişimsel eylemin yeniden inşasıdır. İnterneti iletişimsel olarak yakınsallık ya da ulaşılabilir alan ve yenilenebilir alan olarak tanımlamaya çalışmak siber mekânın, gerçek mekânla karşılaştırılması anlamına gelir ki; bu da her iki mekânın doğasına aykırıdır. Her iki mekânın hem zamansal, hem yaşamsal ve hem de erişilme farklılıkları vardır.

Sosyal medya kullanıcıları, kendi oluşturdukları profillerle dijital kimliğe sahip olurlar ve bu kimlikle sanal dünyada kendilerini gösterirler. Kimlikler bireyin diğer kullanıcılarla etkileşime geçmesinde, takip edilmesinde ve beğeni almasında önemli yer tutar. Dijital kimlik vitrin gibi kullanılmaktadır ve birey kendisini

---

[15] Işık, Sanaldan Sokağa Toplumsal Hareketler, s. 53.

[16] Akt. Köseoğlu, a.g.e, s. 75.

nasıl yansıtmak istiyorsa kimliğini ya da vitrinini ona göre inşa etmektedir. Oluşan kimlik ile arkadaş çevreleri ve diğer sosyal medya kullanıcılarının oluşturduğu arkadaş listesi ve yapılan paylaşıma alınan beğeni sayısı sayesinde nicel bir üstünlük sağlanmış olunur. Dijital kimlikler nicelik çerçevesinde güçlenir ve diğer kimliklerle olan bağlar da kuvvetlenir. Sibermekanda gerçek olan dijital kimliklerdir ve bedenlerin önemi yoktur ama bedenlerin hayatında sibermekanın kesin ve vazgeçilmez bir önemi vardır.[17] Dijital kimlik, bireyin gerçek dünyasından kopuş yaşayarak kendisine inşa ettiği suni bir kimliktir. Sibermekanda gerçek olanın sanal olması kurulan ilişkilerin de gerçek mekân formundan bağımsız ve tamamen farklı olmasını sağlar. Kurulan ilişkilerin temelini vitrine yerleştirilmiş fotoğraflar, yazılar ya da diğer dijital gösterenler belirler. Sosyal medya profilleri, gerçek dünyadaki sosyal ilişkilerin sanal ortama kaydırılmasına da olanak sağlamaktadır. Birey dijital kimliği vasıtasıyla katıldığı sosyal gruplarda hem grup üyelerini tanıma ve yeni ilişkiler kurma olanağına sahip olurken hem de ilgi alanına göre kendisini ait hissedebileceği sanal da olsa yeni bir alan kazanmış olur.

İlk kurulan sosyal ağ sitesi 1997 olarak tarihlenen sixdegrees.com'dur. Sixdegrees.com sosyal ağ motoru olarak kurulmuş ve halen (2019) kullanılmaktadır. Bu site kullanıcılarına profil oluşturma, arkadaşlarını listeleme ve arkadaş listelerinde gezinebilme imkanı vermektedir. Site, 2000 yılından itibaren bir kullanıcının referansı ile davet edilerek üyelik kabul etmektedir. Bu sebeple ticari olarak başarıyı tam olarak yakalayamamıştır. Ayrıca sistem Facebook gibi içerisinde çok kapsamlı paylaşım imkanı bulunmaması, sosyalleşme dışında basit bilgisayar oyunlarının entegre edilmemesi ve başka sitelerden bağlantı alamaması da sitenin yaygınlaşamamasındaki diğer etkenlerdendir.

---

[17] Bauman, Küreselleşme, 2010, s. 28.

Sosyal ağların içerisinde yer alan iş bağlantılarının kurulması amacıyla kurulmuş olan Linkedin ve Xing gibi sitelerin öncülüğünü 2001 yılında ryze.com yapmıştır. Ryze 2017'ye kadar bir milyonun üzerinde kullanıcı edinmiştir. Ryze benzerleri gibi tasarımsal açıdan fazla gösterişli olmayan ve sadece iş ağı biçiminde işlevsel olarak ön plana çıkmıştır. Oysa 2003 yılında kurulan Linkedin, on üç yıl içerisinde iki yüz farklı ülkeden iki yüz milyonun üzerinde kayıtlı kullanıcıya ulaşmıştır. Ryze.com sadece İngilizce hizmet verirken, Linkedin yirmi farklı dilde hizmet vermektedir.

Facebook'un temeli, Mark Zuckerberg tarafından 4 Şubat 2004 yılında Harvard'daki yurt odasında thefacebook.com adresi ile atılmıştır. Facebook ilk olarak sadece Harvard e-posta adresi olan öğrencilerin kullanabileceği özel bir site olarak açılmıştır. Yeni girdikleri yabancı üniversite ortamında arkadaşlıklar kurmak isteyen öğrenciler için Facebook önemli bir ortam oluşturmuştur. Sitenin sadece Harvard öğrencileri ile sınırlı olması kullanıcıların paylaşma istediğini arttırdığı gibi, sitenin adı duyuldukça sadece belirli kişilerin girebildiği bu özel kulübe katılmak isteyenlerin sayısı da artmıştır. Site ilk etapta Amerika Birleşik Devletleri'ndeki kolejlerden üye kabul etmiş, ardından 2006 yılında yaş sınırlaması ile on üç yaş üzerinde olan herkese açılmıştır. 2017 itibariyle yetmiş dil desteği ile Facebook'un bir milyarın üzerinde kullanıcısı bulunmaktadır.

Sosyal ağların en önemli çekiciliği paylaşımların kolay olmasıdır. Beğenme, paylaşma, tekrar paylaşma ve anında bildirim özellikleri ile enformasyonun dağılım hızı profil özelliklerine bağlı olarak inanılmaz hızdadır. Sosyal ağlardaki paylaşım hızı, e-posta ile yayılan enformasyondan çok daha hızlı ve etkilidir. Sosyal ağlar kullanıcının kendi hayatı hakkında sürekli olarak paylaşımda bulunmasına teşvik eder. Bunun yanı sıra sosyal ağdaki karşılama mesajları –ne düşünüyorsun, arkadaşlarına merhaba de... gibi- ve etiketleme önerileri gibi özellikler, kullanıcının sosyal ağda bir şeyler paylaşma isteğini uyandırmaktadır. Paylaşım biçimi genelleme yapmadan "ben de varım" psikolojisine doğru gitmektedir. Birey dijital dünyada varlığını gösterebilmek, gerçek dünyadaki deneyimlerini kendi çevresine ilan edebilmek için sosyal ağlarda paylaşımda bulunma isteğine sahiptir. Buradaki amaç, bireylerin varoluşsal bir tescile ihtiyaç duymaları olarak düşünülebilir.[18] Paylaşımlar ve diğer davranış biçimleri bireyin kendisini sosyal ağlarda varlığını sürdürürken, öte yandan tüm eylemleri kayıt altına alınarak saklanmaktadır.

Sosyal ağlar kullanıcıların kişisel verileri vasıtasıyla istatistiklerin tutulduğu önemli bir veritabanı haline gelmiştir. Gezilen siteler, beğeniler, demografik özellikler ve internet kullanımındaki eğilimler gibi çok çeşitli davranışlar; çevrimiçi alışverişlerde, takip edilenlerin ön sıralara taşınmasında ve dijital reklamlarda kullanılmak üzere saklanmaktadır. Katılım sağlanan platformda her üyenin etkinlikleri veri tabanında saklanır. Ne zaman katıldığı, neler paylaştığı, etkileşimde ve iletişimde oldukları, ne sıklıkla kullandığı, yaşı, cinsiyeti, medeni durumu, beğendikleri, beğenmedikleri, sosyal medyada hesabındaki tüm davranışları kayıt altındadır. Tüm bu ölçümler kolay ve hızlıdır. Bu verilerle kişiselleştirilmiş hedefleme yapılması mümkündür.[19] Tüm bu kişisel veriler ortaya "*Büyük Veri - Big Data*" kavramını çıkarmaktadır. Büyük veri bir karar alma sürecinin ilk ve en önemli basamağıdır. Büyük veri sadece saklanan veri miktarı ile alakalı değildir. Verinin türüne, kaynağın çeşitliliğine ve verinin edinildiği kullanıcıların sayısı ile de alakalıdır. Günümüzde, büyük veri ve veri analizleri, insanlığı ve dijital kimlikleri çevrelemekte, onlara temas etmekte, etkilemekte ve yeryüzündeki hemen hemen her endüstride yenilikçi kararlar vermeye itmektedir. Bu haliyle büyük veri değişen örgütlenme biçimiyle, organizasyonların pazarlama biçimini değiştirebilir, tüketici davranışını öngö-

---

[18] Baştürk, Lacan'cı Teori Bağlamında Sosyal Medya, s. 278.

[19] Kırcova ve Enginkaya, Sosyal Medya Pazarlama, s. 13.

rebilir ve kendisini adapte edebilen bu organizasyonlardan yararlanmak için kendilerini dönüştüren kuruluşlara rekabet avantajı sunabilir. Büyük veriyi ise çok büyük oranda kullanıcılar sağlamaktadır. 2009 yılında dijital evren yüzde altmış iki yani yaklaşık sekiz yüz bin petabyte büyümüştür ve bu dijital kayıtları DVD'ye dönüştürecek olursak, aya gidip gelecek kadar mesafeyi kaplayacaktır.[20] Büyük veri, dijital evrende oluşmuş olan bütünleşik verilerin toplamını ifade etmektedir ve bir bilgi yönetimi halini almıştır. Büyük veride toplanmış veriler yapılandırılmamıştır ve işlenmesi için özel yöntemlere ihtiyaç duyar. Veriler arasındaki ilişkiler, basit arama motorları aracılığıyla sağlanamaz. Oldukça basit bir şekilde, büyük veri yaşadığımız değişen ve dijitalleşen dünyayı yansıtmaktadır. Değişen şeyler ne kadar çoksa değişiklikler de daha fazla veri olarak kaydedilmektedir. Ham haldeki verilerin herhangi bir değeri olmazken, işlenmiş ve istatistiğe dönüştürülmüş hali yüksek karlılığa dönüşebilmektedir. Yakın dönemde büyük veri her ne kadar çok çeşitli sayıda V'ler ile anlatılmaya çalışılmış olsa da, tipik olarak 3V ile temsil edilmektedir.

Volume (Hacim / Verilerin Miktarı), büyük veri içerisindeki yapılandırılmamış verilerin büyüklüğünü anlatmaktadır. Düşük yoğunluklu, yapılandırılmamış Hadoop[21] verilerini, yani sosyal medyadaki veri akışları, bir web sayfasındaki ve bir mobil uygulamadaki tıklama akışları, ağ trafiği, sensör etkinlikleri, kamera görüntüleri, kayıt edilebilir sesleri, veri yakalama gibi bilinmeyen değerdeki işlenmesi zorunda olunan tüm ham verilerdir Bu tür Hadoop verilerini değerli bilgilere dönüştürmek,

---

[20] Craig ve Ludloff, Privacy and Big Data, s. 4.

[21] Hadoop, büyük veri kümeleri ile birden fazla makinada paralel olarak işlem yapmamızı sağlayan Java ile yazılmış açık kaynak kodlu kütüphanedir ve sıradan sunuculardan (commodity hardware) oluşan küme (cluster) üzerinde büyük verileri işlemek amaçlı uygulamaları çalıştırır.

büyük verilerin görevidir. Bazı kuruluşlar için bu on terabayt olabilir, bazıları için yüzlerce petabayt olabilir.

Velocity (Hız), verinin ne kadar hızlı olduğudur. Verinin gerçek zamanlı akışı örneğin e-ticaret sistemlerinde önemli yer tutmaktadır. Tüketicinin mobil cihazıyla hareket halinde olduğu bir zamanda mobil cihazın GPS (Global Positioning System - Küresel Konum Belirleme Sistemi) sistemi ile bütünleşerek, tanıtım gönderilebilmesi için hız önemlidir. Büyük veri devrimi, karmaşık olayları işleme, çevrimiçi işlem verilerini yakalama, mobil bilgi işlem için ürün ve hizmetler geliştirme ve neredeyse gerçek zamanlı olarak birçok büyük veri olayını işleme kabiliyetinde büyük değişikliklere neden olmuştur.

Variety (Çeşitlilik), Veriler geleneksel veritabanlarındaki yapılandırılmış sayısal verilere, yapılandırılmamış metin belgelerine, e-posta, video, ses, hisse senedi kodu verileri ve finansal işlemlere kadar her tür formatta gelir.

Büyük verilerle karşılaştığımız büyük değişiklik, geçmişte gerek duyulan karmaşık programlamaya ihtiyaç duymadan büyük miktarda veriden yararlanabilme kabiliyetidir ve bunun yanı sıra, büyük veri teknolojileri geliştikçe ve konuşlandırıldıkça, verileri daha kolay analiz edebiliyor ve kararlar almak veya işlem yapmak için kullanabiliyoruz.[22] Veriler çok çeşitli alanlarda analiz edilip değerlendirilirken, geleneksel medyanın karşısında da bir güç olarak yerini almıştır. Özellikle televizyona yönelik yapımlar reyting ile hesaplanır ve yeni yapımlara eski reyting verileri ışık tutarken, ortaya çıkacak yeni sonuçlar kesinlik teşkil etmemektedir. Ancak günümüzde büyük verinin kullanılması dijital medyada hazırlanan bir yapımın etki sonucunun önceden hesaplanabilir olmasını sağlamaktadır.

---

[22] Hurwitz, et al., Big Data For Dummies, s. 32.

Günümüz teknoloji çağında internet izlence platformları üzerinden dizi ve seriyal hazırlayan şirketler izleyici sayısını ve kazançlarını büyük oranda garanti altına alabilmek için büyük veriyi kullanmaktadır. Örneğin; Netflix çok sayıda kullanıcıyı "anonimleştirilmiş" bir veri kümesinden, kalabalık öneri algoritmaları aracılığıyla IMDB (imdb.com / International Movie Database)'deki kullanıcı profilleriyle karşılaştırarak yeniden tanımlayabildiler.[23] Benzer algoritmalar reyting hesaplamaları da dahil edilerek kurulabilmektedir. Bu sayede izleyicinin beğenisini kazanmış oyuncu ve canlandırdığı karakter, senaryo, cast korelasyonları doğru bir şekilde kurulabilmektedir. Bunun yanı sıra Netflix abonelerinin kişisel profillerine de sahip olmasından dolayı, onlara izleme önerileri getirebilmektedir. Netflix'in kendisine ait ilk internet dizisi "*House of Cards*" için her ne kadar bir baş senarist (Beau Willimon) ile çalışmış olsa da çok sayıda senariste epizodlarda yer verilmiştir. Aynı şekilde Jodie Foster ve David Fincher gibi önemli yönetmenlerin yanı sıra farklı yönetmenler de epizodları çekmiştir. Önemli olan epizodların senaristi ve senaryosu ile yönetmenin doğru korelasyonunun hesaplanmasıdır. Netflix'in İçerik Sorumlusu Ted Sarandos, öncelikle "House of Cards"ın hikayesini eleştirmiş ve siyasi dramalar için pazarın zevkine ilişkin geleneksel bilgiye başvurmakla ilgilenmemiştir. Bunun yerine yapılandırılmış verileri kullanarak Netflix'in 33 milyon abonesinin bireysel izleme alışkanlıkları sayesinde, çok sayıda abonenin David Fincher'in yönettiği filmler ve Kevin Spacey'nin oynadığı filmlerin hayranı olduğu belirlenmiştir. Bununla birlikte veriler, çok sayıda müşterinin "*House of Cards*"ın esinlenildiği aynı isimdeki orijinal BBC serisinin DVD kopyalarını kiraladığını ortaya koymuştur.[24] Dijital kimliklerin inşa edildiği dünyada bireyler, neredeyse tüm etkinliklerini ve beğenilerini açık olarak paylaştıkça, büyük veriye eklenmektedir.

---

[23] Davis ve Patterson, Ethics of Big Data, s. 35.

[24] Smith ve Telang, Streaming, Sharing, Stealing, s. 18.

Mobil cihazlarda kullanılan şarkı bulma (Shazam, Soundcloud... vb.) yazılımları dahi kullanıcılar hakkında çok önemli veriler elde etmektedir. Video izlenen siteler, sosyal medya, müzik arama programları gibi kullanıcı profillerini ve etkinliklerini kayıt altına alan internet dolayımlı uygulamalar, çok çeşitli sektörlerin işine yarayacak kombinasyonları büyük veri olarak barındırmaktadır.

Yönetmenliğini Bennett Miller'ın yaptığı ve başrolünde Brad Pitt ve Robin Wright'ın oynadığı "*Kazanma Sanatı / Moneyball*" filmi bize veri analizinin dünyamızı nasıl değiştirdiğine dair başka bir örnek sunmuştur. Filmde Brad Pitt Oakland A'nın Genel Müdürü Billy Beane'in rolünü canlandırıyor. Beane (Brad Pitt), beyzbol kararları vermek için veriden bilgi edinmesine yardımcı olması için Peter Brand (Jonah Hill) adında genç bir veri analiz uzmanını işe alır. Beane geçmişteki beyzbol başarılarının istatistiksel verilerinin analiz edilmesi ile başarıya ulaşacağına inanmıştır ve verilerin kullanımı, beyzbol takımını başarılı sonuçlara götürmüştür. Veri analizi kullanarak, Beane kazanacak kadar iyi olmadığı düşünülen oyuncularla kazanmanın yollarını bulmuştur.

Bir başka büyük verinin kullanıldığı yapım, ağ teknolojisinin sonuna kadar kullanıldığı, dünya üzerindeki internete bağlı kameralardan, polis, devlet ya da özel kurumların veritabanlarına ulaşarak suçun önlenmeye çalışıldığı ve suçlunun saptandığı "*Person of Interest*" isimli seriyaldir. Seriyal "big brother / büyük birader", "panoptikon" ve "ağ toplumu" üzerinden okunabilecek bir yapıya sahiptir. Büyük verinin içeriğindeki kullanıcı bilgilerinin aslında tipik bir big brother ya da panoptik gözlem biçimi olduğunu görmek mümkündür. Elde edilen veriler ışığında, bireyler için hazırlanan yapımlar, bireyin kendi inşa ettiği açık hava hapishanesini oluşturabilecek yapıya sahiptir. Panoptikonun sibermekana taşınmış güncel bir versiyonu olarak elektronik veritabanı üzerine yazdığı parlak denemesinde Mark Poster, "bedenlerimizin, şebekeler, veritabanları, enformasyon koridorları içine çekildiğini" ileri sürer ve bu yüzden, bedenlerimizin deyim yerindeyse "enformatik olarak bağlandığı" bu enformasyon depolayan yerlerden hiçbiri "artık gözlenmekten kaçabileceğimiz ya da etrafına direniş hattı çekebileceğimiz bir sığınak sağlamamaktadır".[25] Bauman bu görüşü bildirdiği zaman sürecinde kullanıcılar bilgilerini iletme konusunda ya tereddüt içerisinde ya da bilinçsizdi, oysa dijital çağın bugünkü halinde bireyler kendi çıkarlarına olduğunu düşündüklerinden gönüllülük esasına dayanarak bilgilerini paylaşmaktadır. Görünürlük alanında olmak için rıza yoluyla verileri ve veriler içerisindeki özel hayatı yabancı dış dünyaya açmak, bireylerin sosyal ağlara olan bağlılığını ya da bağımlılığını özetleyebilmektedir.

---

[25] Bauman, Küreselleşme, s. 28.

KUŞAKLAR ARASI UYUMSUZLUK

"Kuşak Teorisi (Generational Theory)", nesiller arasındaki tutum farklılıklarını tartışan yaygın kabul gören bir teoridir. Kuşak Teorisi, toplumsal tutumlarda zamanla meydana gelen değişimleri tanımlayan ve açıklayan bir toplumsal tarih teorisidir. İlk olarak 1991'de Neil Howe ve William Strauss tarafından sistematik olarak anlatılmış ve daha sonradan Dördüncü Dönüm'de geliştirilmiştir.

Teori, bir insanın doğduğu dönemin, erken yaşlarını şekillendirdiğini ve onların çevrelerindeki dünyayı algılamada ve etkileşim biçimlerini etkileyen bir dünya görüşü oluşturduğunu savunur. Bu dünya görüşü veya değer sistemi, kişi çocukken çevre koşullarından büyük ölçüde etkilenir. O halde, insanlar farklı çağlarda büyüdükçe değer sistemlerini doğduklarına göre farklılaşmasını bekleyebiliriz. Bu teori, nüfusun bölünmesi yönündeki tüm diğer yaklaşımların yerini alması amaçlanmaz, ancak farklı ve çok yararlı bir perspektif ekler.[26] Teori, Amerika Birleşik Devletleri'nin tarihini, on üç kolonisini ve İngiliz öncüllerini kapsayacak şekilde geliştirildi ve en ayrıntılı araştırma yapıldı. Bununla birlikte, Howe ve Strauss dünyanın diğer bölgelerindeki kuşaklardaki eğilimleri de kuramlarına dayanarak incelemiştir. Bu teoride kuşak ayrımları, uluslararası ve ülkelerin iç meselelerinin toplumsal sonuçlarına dayandırılarak ortaya çıkarılmıştır. Bu sebeple X,Y ve Z kuşaklarının tarihsel aralıkları

[26] Howe ve Strauss, Generations, s. 24-56.

ülkelerin bilimsel araştırmalarında, farklılıklar göstermektedir. Bu türden kuşak ayrımları toplumsal farklılaşmayı, politik, kültürel ve tüketim bağlamlarında açıklamak için yeterli iken, günümüzde kuşakların özellikle teknoloji ile ilişkileri ve teknolojinin sosyal dünyalarını nasıl şekillendirdiğini açıklamak için yetersiz kalmaktadır. Bu nedenle Marc Prensky'nin ortaya koyduğu tanımlamalarla; kuşakları dijital yerliler, dijital göçmenler ve dijital göçebeler olarak da ayrı bir segmentte değerlendirmek gerekmektedir. Teknoloji ile uyum biçimlerini değerlendiren bu kuşak ayrımları, toplumsallaşmanın gelindiği bugünkü durumu ve kuşaklararası farklılaşmayı aydınlatmak konusunda önem teşkil etmektedir.

X (Xers), Y (Millennials) ve Z (New Silent) Kuşakları

X kuşağı (Xers) (1965-1980 doğumlu) nesil özellikleri, Soğuk Savaş'ın sona ermesi ile 1970'lerin başı, sonlarında ve 1980'lerin başında bir dizi ekonomik gerileme gibi kritik politik olaylarla şekillenmiştir. Ekonomik istikrarsızlıktan kaynaklanan yüksek işsizlik oranları ve aile göçlerine tanık olmuşlardır. Sonuç olarak, X kuşağı, çalıştıkları kuruma sadık olmaktan ötürü kendi kariyerlerine daha fazla değer katarak bağımsız ve bireysel olmuşlardır.[27] İş güvenliği arayışında bulunmak yerine, zorlu işleri ve kendi kariyerlerini geliştirmeleri için daha iyi fırsatlar ararlar. Dünyayı algılayışı tamamen farklı olan X ve Y kuşaklarının davranışları sosyoloji, iletişim, pazarlama, siyaset gibi farklı birçok bilim dalının ilgisini çekmektedir. Ayrıca, işyerlerinde özerkliğe değer verirler. X kuşağı, Boomers'dan[28] daha hızlı iş

[27] Beutell ve Wittig-Berman, Work-Family Conflict and Work-Family Synergy for Generation X, Baby boomers, and Matures, s. 507.

[28] Boomers (Baby Boomers) (1946'dan 1964'e kadar doğmuş), Amerika Birleşik Devletleri'nde yaşamış büyük sosyal ve ekonomik etkiler yaratan ve yaklaşık 78 milyon işçiden oluşan tarihteki en büyük nesil kohortlarındandır. İkinci Dünya Savaşı sonrası ekonomik refah içinde büyümüşlerdir ve Sivil hakların hareketi, Vietnam Savaşı, Watergate Skandalı, Kennedy ve Martin Luther

geliştirme isteğine sahip olmasına rağmen, iş odaklı değildir. İş ve sosyal yaşam dengelerini Boomers'a oranla daha iyi kurmaktadırlar.[29] [30] X kuşağının, Boomers'a oranla dış etkenleri kontrol çabası ve benlik saygısı[31] daha yüksektir.

X kuşağı, II. Dünya Savaşı sonrası ortaya çıkan ekonomik çöküntü içerisindeki ülkelerin yeniden dirilme çabasına tanık olmuştur. Amerika Birleşik Devletleri özelinde ise; küresel gücün gerilemesine ve buna bağlı anne-babaların işten çıkarılmasına tanık olmuşlardır. Küresel çapta durağan bir iş piyasası, kurumsal küçülme ve sınırlı ücret hareketliliği ile büyümüşlerdir. X kuşağı çocukları ebeveynlerin her ikisinin de iş hayatında çalıştığı evlerde ya da yüksek boşanma oranları nedeniyle tek ebeveynli ailelerde yetişmişlerdir. Boşanmış ve çalışan annelerin denetimsiz çocukları evde yalnız ya da büyük kardeşleri tarafından büyütülmüş, bu fenomene ise "latchkey child" denmiştir.[32] Yalnız yetişmeleri onların aile bağlarından daha çok arkadaş bağlarının güçlenmesine ve bağımsız olmalarına ortam hazırlamıştır. Çoğu kendi sorunlarını daha çocukken çözmeye alışmış olan X kohortu, pragmatik, değişime adapte olan ve kendileri için kararlar vermek konusunda özgüven sahibidir. Geçmiş aile deneyimleri sebebiyle bu kohort kendi çocukları "latchkey" yaşam tarzına sahip olmaması için, kariyerden çok aileye ve yaşam kalitesine odaklıdır.

King suikastları da dahil olmak üzere tarihin en dramatik değişikliğini yaşamışlardır.

[29] Smola ve Sutton, Generational Differences: Revisiting Generational Work Values for the New Millennium, s. 370.

[30] Twenge, A review of the empirical evidence on generational differences in work attitudes, s. 205.

[31] Twenge ve Campbell, "Isn't It Fun to Get the Respect That We're Going to Deserve?" Narcissism, Social Rejection, and Aggression, s. 261.

[32] Fernandez, Comparing Generation X to Generation Y on Work-Related Beliefs., s. 3.

X kohortu üyeleri, maddi varlıklarına duygularından öte şekilde bağlı olmaları muhtemeldir. Bunun bir nedeni, teknolojik cihazların daha kişiselleşmesi ve kuşağın kişiselleşmiş cihazlara kendilerini adapte etmiş olmalarıdır. Kendi mülklerini kendi konforları için gerekli görürken, aile büyüklerini bu noktada "önemsiz" olarak bile görebilirler.[33] Kişisel mülklere yönelik hislerden dolayı bu neslin daha önceki kuşaklardan farklı biçimde işlenmesi, ödüllendirilmesi ve yönetilmesi gerekir. X kohortu çevresine yardım etme eğilimi gösterirken, geri dönüşüme önem vermektedir. Bu felsefe önceki nesillerden farklıdır. Maddi eşyalar hayatlarına değer katmazsa, o materyalleri kaldırmaktadırlar.[34] X kohortu televizyon ile büyümelerinden dolayı kendinden sonraki kuşaklara oranla, geleneksel kitle iletişim biçimlerinin dayatmacı tutuculuğuna sahip olsalar dahi siyasal bir duruşları vardır. Türkiye'de 70'lerde yaşanan öğrenci hareketleri ve politik kutuplaşmanın içerisine çekilmiş ve taraf olmaya mecbur bırakılmışlardır. 1990'ların ortası itibari ile mobil iletişim ve internet ile tanışan bu kohort, teknolojiyi iletişim boyutunda kullanmışlardır. Oysa gelişen internet ve mobil teknolojilerin geldiği bugünlerdeki noktada, kendilerinden sonraki Y (Millennials) kohortu teknolojiyi eğlence ve zevk unsuru olarak görmekte, iletişim aracı olarak kendinden önceki kuşaklara göre çok daha farklı biçimlerde kullanmaktadırlar.

Türkiye'de Y (Millennials) kohortu (1981-2000), 12 Eylül askeri darbesini yaşamış ebeveynlerin korku içerisinde politikadan uzak yetiştirmeye çalıştığı bir kuşak olarak, alıştırıldıkları biçimiyle politikadan uzak durmayı yeğlemiştir. Bununla birlikte siyasi istikrarsızlık da bu kohortu siyasetten uzak kalmaya itmiştir. Bürokrasiden hoşnut olmayan, hızlı tüketime dayalı yaşayan ve teknoloji ile hayatlarını şekillendiren bir kuşaktır. Türkiye'nin

---

[33] Harber, Generations in the Workplace: Similarities and Differences, s. 36.

[34] Harber, a.g.e., s. 37.

1990'larda ithalatı arttırması, ürün çeşitliliğinin artması ve ulaşılabilirliği hızlı tüketim alışkanlıklarının ortaya çıkmasında etkin olmuştur. Amerika Birleşik Devletleri'nde Y kohortunun %60'ı her iki ebeveynin de çalıştığı bir evde doğmuş olmasına rağmen X kohortuna kıyasla, Y üyeleri yalnızca ailelerinden destek almakla kalmamışlar, aynı zamanda çocuk bakımı, okul öncesi ve sonrası gibi okul programlarında eğitim ve ilgi görmüşlerdir.[35] Bu kuşak kendinden önceki kuşaklara göre bilgisayar, bilgisayar oyunları, oyun konsolları, internet ve bilgi teknolojilerinin çok ileride olduğu ve sürekli de geliştiği bir dönem içerisinde büyümüş, sahip oldukları teknolojileri kendi çıkarları doğrultusunda kullanmayı öğrenmişlerdir. Bu sebeple iş akışındaki hızları Z kuşağına göre daha akıcıdır.

Teknolojiye yakın olmaları, hemen hemen hepsinin internet üzerinden hızlı ve kolay bilgiye erişim alışkanlığına sahip olduğunu göstermektedir. Teknoloji tabanlı yaşamları sayesinde neslin en dikkat çekici özelliklerinden biri, sosyal medyayı çok iyi kullanmalarını avantaja dönüştürmeleridir.[36] İnternet, gerçek dünyadaki algılamanın yerini almış, insanları bu sanal dünyanın sunduğu simgelerle kendilerini ve ilişkilerini kurmuş; böylece üretim tabanlı dünyalar dünyasında bir kopuş yaratmıştır.[37] İnternet, sosyal medya deneyimleri ve diğer özellikleri ile sahip oldukları en önemli avantaj; onların bilinçli tüketiciler haline gelmesidir. Bu tüketim, satın alınan mallardan hizmetlere kadar birçok durumda geçerlidir. Küresel dünyadaki televizyon ve oyun konsollarıyla büyüyen bu gençlik, doymak bilmez, sorumsuz, bireysel, siber dünyanın yeni bir aktörü, yeni bir insan prototipi olarak hızlı tüketim sonucunda ortaya çıkmaktadır. Bununla

---

[35] Fernandez, Comparing Generation X to Generation Y on Work-Related Beliefs, s. 5.

[36] Çöteli, Cyber Public Sphere and Social Movements, s. 78

[37] Altuntuğ, Kuşaktan Kuşağa Tüketim Olgusu Ve Geleceğin Tüketici Profili, s. 206.

birlikte, Y'ler, girişimci, hevesli, bireyselleşmiş, meraklı, yüksek derecede ego sahibi ve kendine güveni olan, her şeyi hemen isteyen, hemen tüketen ve bedel ödemek istemeyen, hızlı tempolu bir nesildir.

Z kohortu (2001 ve sonrası) kısa bir zaman aralığına sahip olduğu için haklarında yeteri kadar araştırma yapılmamıştır. Strauss ve Howe'nin "Generations" adlı kitabına göre bu neslin tarihleri "2004'ten 2025'e" kadar değişiklik gösterebilir ve bu kuşağı "Yeni Sessiz-New Silent" nesil olarak adlandırmışlardır. Z kuşağı üyelerinin ebeveynleri X ve Y arasında bölünmüştür. Diğer kuşaklardan farklı olarak, Z üyeleri iyi dinleyiciler değildir ve kişiler arası becerilerden yoksundurlar. Başkaları ile iletişim genelde internetin kullanımını içerir. Z üyelerinin kişilerarası becerileri, önceki kuşaklardan oldukça farklı ve gariptir. Bireylerle iletişim kurmak ve iletişim kurmak için gereken kişilerarası becerilerden yoksundurlar. İletişim biçimleri yüz yüze ya da geleneksel iletişim yöntemlerinden öte, mobil cihazlardan kısa yazışmalar ve imoji kullanımları şeklindedir. Bu kuşak için iletişim kurmanın zamanı yoktur ve zamana bakılmaksızın iletişimlerine anında yanıt beklerler.

Z'ler sanal dünyayla doğuştan gelen bir tanışıklığa sahiptir. Bu tüketiciler için internet her zaman var olmuştur. Çocukluktan gençliğe geçişte ve gençlik çağında bağımsızlığı arttıkları dönemlerde, teknolojik cihazlarda (örneğin, cep telefonu özellikleri, akış video, sosyal ağlar) büyük adımlar atıldı. Bu nesil ürünün eskimesine şaşırmamakta ve teknolojik ürünlerin "daha estetik, daha küçük, daha işlevsel, daha geliştirilmiş ve daha iyi" sürümleri için yüksek bir beklentiye sahiptir.[38] Tüketici olarak Z kohortu, pazarda daha fazla tercih şansı yaratılması ve tasarıma dayalı veya estetik farklılaşmayı kullanma konusunda itici gücü oluşturmaktadır. Harcamalar birçok alanda ayrımcı olabilirken, X'ler

---

[38] Wood, Generation Z as Consumers: Trends and Innovation, s. 1.

için teknolojik ve tasarıma dayalı yenilikler, para harcamak için tercih edilmektedir.

Dijital Yerliler (Digital Natives)

Bugünün öğrencileri için kimileri N kuşağı (Net Generation), bazıları ise D kuşağı (Digital Generation) terimlerini kullanırken Marc Prensky "Dijital Yerliler" (Digital Natives) terimini ortaya atarak kullanmayı tercih etmiştir. Prensky, Dijital Yerlileri bilgisayarların, oyun konsollarının ve internetin dijital dilini ana dili olarak kullananlar olarak nitelendirmektedir.[39] Dijital yerliler doğar doğmaz sanal ortam ile uyum içerisindedirler, bu sebeple bu bağları doğal karşılanır. Yani Dijital Yerliler doğuştan dijital dünyaya doğmuş ve onu en iyi şekilde kullanabilenlerdir. Dijital yerli tanımında bu ayrım yapılırken sadece kültürle sınırlandırılmaz, daha güçlü olarak yaş yapısının belirleyiciliği vardır. Bunun temel sebebi onların yaş gruplarının internet ile hayata başlamalarıdır. Toplumsal yaşama katılmalarından, ilgili alanlarına kadar hemen her şeyde interneti kullanmaktadırlar. Dijital Yerliler, Dijital Göçmenlerden farklı ve Dijital Göçebelerden daha da farklı bir toplumsallaşma süreci yaşamaktadırlar. Bu da onların iletişim kurma biçimlerinde dijital ortamları daha sık kullanmalarından ve tercih sebebi olmalarından kaynaklanmaktadır. Onların kültürlenme biçimleri de dijitaldir. Sosyal medya, diğer internet dolayımlı uygulamalar ve sayfalar ile bilgisayar ve konsol oyunlarının yarattığı dünyanın kültürü olan dijital kültür, Dijital Yerlilerin yaşadıkları toplumun kültürü dışında kalan ortak kültürleridir.

Toplumsallaşma sürecinde interneti bir iletişim aracı olarak kullanan Dijital Yerliler, mobil cihazların internet bağlantılı mesajlaşma uygulamalarını sıklıkla ve hatta sosyal medya uygulamalarının mesaj özelliklerinden faydalanırken, yüz yüze gö-

---

[39] Prensky, Digital Natives, Digital Immigrants, s. 1.

rüşmeyi kendinden öncekilere göre azaltmışlardır. Dijital Yerliler bütün tutum ve davranış biçimleriyle kısmen de olsa Z kuşağını oluştururken, Y kuşağının da son dönemlerini kapsamaktadır. Tipik Z'ler ile Dijital Yerliler internetin onlara sağladığı hız ve kolay erişebilme alışkanlıklarından dolayı, bilgiye hızla erişmek isterlerken, metin yerine görsel olanı tercih ederler. Bu alışkanlık çoğunlukla onların mobil cihazlarından fotoğraf çekmek ve paylaşmak alışkanlıklarından ötürüdür. Diğer özellikleri ise; bir metni baştan sona doğrusal bir biçimde okumak yerine kapsül halinde rastgele okumayı tercih ederler, anlamadıkları noktada ise özet halde bir başkasından dinlemeyi isterler. Ciddi çalışmalar yerine oyunları tercih ederler, bilişsel yapıları sıralı değil paraleldir, aynı anda birçok işi yapmak isterler ve keşfederek öğrenmek isterler. Dijital Yerliler dijital medyayla olan etkileşimleri sayesinde dijital akılcılığı ortaya çıkarmışlardır. Hukuki, sosyal, toplumsal, kültürel ve siyasal etkilere diğer nesillerden farklı biçimde odaklanmış olan "dijital dünyaya doğanlar" dijital teknolojilerin içerisine dalmış vaziyette büyümekte ve dijital cihazlarla tamamen entegre bir yaşam olanağı elde etmişlerdir. Teknolojinin sürekli kendini yenilediği ve hızlı şekilde eskidiği bir ortam süreksizliği ortaya çıkarmıştır.

Prensky'ye göre, Dijital Yerliler, Dijital Göçmen olarak tanımladığı önceki kuşaklardan farklıydı ve öğrenimde yeni tutumlar, yetenekler ve yaklaşımlar geliştirmişlerdir.[40] Onları bu değişikliğe iten temel sebep ise, teknolojinin gelişim ve değişim sürecinden kaynaklanmaktadır. Özellikle yeni medya deneyimlerinde yeni tutumların yaratılması ve sanal dünya kurulumunun gerçek ötesi hale bürünmesi, yaratılan sanal evrende vaad edilen yaşam biçiminin bu nesle uygun olan eğlence ve heyecan arayışını gidermesi sayesinde Dijital Yerlilerin yaşam biçimi ve öğrenme tutumlarında sürekli bir değişim olmaktadır. Bu değişime

---

[40] Prensky, Digital Natives, Digital Immigrants, s. 2.

kendileri ayak uydurmak konusunda başarılı olsalar da Dijital Göçmenlerin bu konuda başarılı olması beklenmemelidir.

Dijital Yerliler teknolojiyi kendi egolarını beslemek, bilgiye hızlı ve kolay ulaşmak, eğlenmek ve sosyalleşmek biçimlerinde kullanmaları ile ortaya yeni bir bilgi formu çıkmıştır; ancak en önemlisi "daha önce hiç yaşanmamış bir şekilde teknik ile insanın karışımından yarattıkları 7/24 devam eden ağ, insan ilişkilerini temel bir şekilde dönüştürmüştür".[41]

Dijital yerli kavramını Palfrey ve Gasser nüfus (population) olarak adlandırmayı önermektedir. Onların bu tartışmaları konu ile ilgili tartışmalıdır, çünkü Dijital Yerli sayılabilmek için mutlak Z kuşağından olmak ön koşul olamamakla birlikte, internete ve teknolojik unsurlara erişim imkanı önemlidir. Pafrey ve Grasser'e göre, dijital doğan bir nesilden yeni teknoloji ile beslenen bir dünyada büyüdükleri için alt gruplara geçtiler; yalnızca teknolojinin kullanımına bağımlı bir nüfus var, bu da yalnızca edinebilecek bir dijital okuryazarlıkla koşullanmıştır.[42] Gelişmiş ve gelişmekte olan statüsündeki ülkeler çerçevesinden değerlendirildiğinde Dijital Yerli nüfusunun çoğunluğunun buralarda toplandığını söylemek mümkündür. Ancak gelişmemiş ve ekonomik rüştünü sağlayamamış ülkelerde Dijital Yerlilerin varlığından söz etmek çok da doğru olmayacaktır. Özellikle Afrika'nın %37,3'ü internet erişimine sahipken, bu oran Asya'da %51,8'dir, dünya nüfusunun ise sadece %56,8'i internet erişimine sahiptir.[43] Ya da Afrika'da toplam nüfusun %37,3'ü internet erişimine sahipken, Kuzey Amerika'nın %89,4'ü internet erişimine sahiptir. Afrika'da yer alan Eritrea'da toplam nüfus yaklaşık 5.5 milyon iken, internet erişimine sahip 71 bin kişi bulunmakta-

---

[41] Palfrey ve Gasser, Born Digital, Understanding The First Generation of Digital Natives, s. 5.

[42] Jones ve Shao, The Net Generation and Digital Natives, s. 11.

[43] https://www.internetworldstats.com/stats.htm

dır.[44] Ancak Uluslararası Telekomünikasyon Birliği (International Telecomunications Union)'nin yaptığı araştırmaya göre 2012'de dünya nüfusunun %5.2'si yani 363 milyonunu Dijital Yerliler oluşturmaktadır.[45] Bu durumda Dijital Yerliler için nüfusa ve yaşa dayalı bir hesaplama yapmak mümkün olmayacaktır.

Dünyada İnternet Kullanımı ve Nüfus İstatistiği 31 Mart 2019						
Bölgeler	Yaklaşık Dünya Nüfusu	Dünya Nüfusu %	İnternet Kullanıcıları	İnternet Kullanıcıları %	Büyüme % 2000-2019	İnternet Kullanıcılarının Dünya Nüfusuna Oranı %
Afrika	1,320,038,716	17.1	492,762,185	37.3	10,815	11.2
Asya	4,241,972,790	55.0	2,197,444,783	51.8	1,822	50.1
Avrupa	829,173,007	10.7	719,365,521	86.8	584	16.4
Latin Amerika / Karayipler	658,345,826	8.5	444,493,379	67.5	2,360	10.1
Orta Doğu	258,356,867	3.3	173,542,069	67.2	5,183	4.0
Kuzey Amerika	366,496,802	4.7	327,568,127	89.4	203	7.5
Avustralya/ Okyanusya	41,839,201	0.5	28,634,278	68.4	276	0.7
DÜNYA TOPLAMI	7,716,223,209	100	4,383,810,342	56.8	1,114	100

İnternet kullanan ve bunu yaşamının bir parçası haline getirmiş olan Z'ler Dijital Yerli nüfusu içerisine dahil edilebilirken, internete erişimi olmayan Z'lerin Dijital Yerli olmasından bahsedemeyiz. Hesaplama içerisine sadece internet erişiminden öte, mobil cihazlara da sahip olmayı dahil etmek gerekecektir.

---

[44] https://www.internetworldstats.com/africa.htm#er

[45] ITU, Measuring Information Society 2013, s. 145.

Öte yandan mobil cihazlara ve internete ulaşabilme imkanının yanı sıra kullanım becerisi ve kullanım amacı da önemlidir. Kuşaklar içerisinden Z'lerin internet kullanım biçimleri ve amaçları kendinden öncekilerden oldukça farklıdır.

Gençliği 15-24 yaş arasında tanımlayan Uluslararası Telekomünikasyon Birliği'ne göre dünya nüfusunda yer tutan genç nüfusun %30'u en az beş yıldır çevrimiçidir ve bu gençliğin üçte biri dijital yerlidir.

Dünyadaki İnternet Kullanıcılarının Dünya Nüfusuna Oranı, 31 Mart 2019

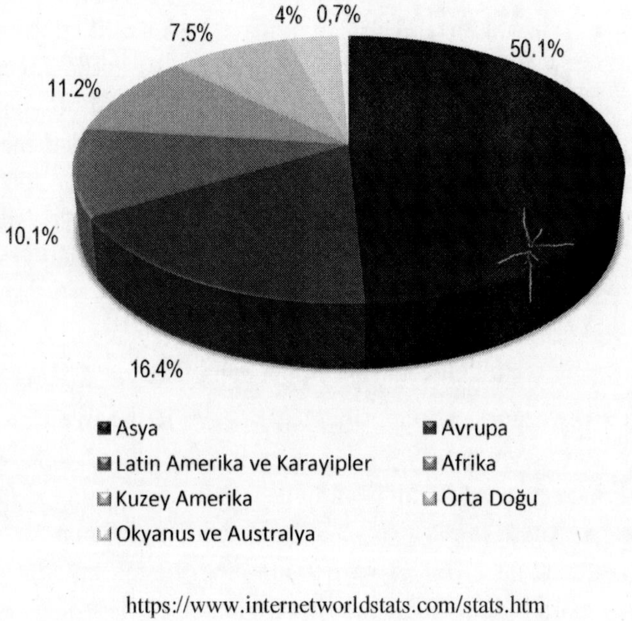

https://www.internetworldstats.com/stats.htm

Dijital Göçmenler (Digital Immigrants)

Dijital Göçmenler dijital dünyaya doğmamış ancak hayatlarının belli bir zamanından sonra video oyunları ve basit bilgisayar sistemleri ile tanışmış, hayatlarının ileri dönemlerinde ise yeni teknolojileri hayatlarının bir parçası olarak kabul etmiş olanlardır. Palfrey ve Gasser'ın tanımlamasıyla "Dijital Göçmenler –Dijital Yerlilerin tam tersi olarak– kayda değer herhangi bir şekilde dijital dünyaya doğmamış ve dijital hayatta yaşamayan; ama dijital dünyada kendi yolunu bulan insanlardır".[46]

Dijital Yerliler'in aksine Dijital Göçmenler, dijital dünyanın bir parçası olarak onları doğal araçlar olarak görmekten çok, yeni teknolojileri öğrenmek ve bunları kullanmak için adapte olmuşlardır. Prensky'e göre, Dijital Göçmenler yeni çevreye ne kadar iyi adapte olursa olsun, "Dijital Göçmen aksanı"nı muhafaza edecekler.[47] Her ikisinin de kullandıkları dijital dil ve kullanım amaçları dijital ortamlarda aynı ya da benzerlik gösterse dahi, Dijital Göçmenler yarı dijital yarı analog yaşantıları içerisinde, dijital dili anadilleri olarak kullanmazlar. Dijital dil, sanal dünyanın hakim iletişim biçimini tanımlamaktadır. Sosyal medya, sanallaşmış ve artırılmış gerçeklik uygulamaları ve diğer dijital platformlar kendi içerisinde ortak bir kültüre, davranış, tutum ve katılım biçimleri ile etik kurallara sahiptir. Dijital Göçmenler bu ortak değerleri kapsayan dili, Dijital Yerlilerin sahip olduğu yetkinlikte kullanamamaktadır. Ancak onların bu dile adaptasyonları Dijital Göçebelere oranla daha fazladır.

Prensky'e göre, Dijital Göçmenler çevrelerine uyum sağlamayı - tüm göçmenler gibi – diğerlerinden öğrenirken, bir dereceye kadar "aksanlarını", yani geçmişle olan yani analog dönemleriyle olan bağlarını da korumaktadırlar.[48] Dijital Göçmenler interneti bir el kitabı ve iletişim aracı olarak kullanırlar. Bunun yanı sıra Dijital Göçmenlerin davranış biçimleri de Dijital

---

[46] Palfrey ve Gasser, Born Digital, Understanding The First Generation of Digital Natives, s. 296.

[47] Jones ve Shao, The Net Generation and Digital Natives, s. 6.

[48] Prensky, Digital Natives, Digital Immigrants, s. 2.

Yerlilere göre farklılıklar göstermektedir. Bu konuda Prensky'nin verdiği en ilgi çekici ve yaygın olabilecek örnek; Dijital Göçmenin elektronik posta yolladıktan sonra, telefonla arayıp elektronik postanın alınıp alınmadığını kontrol etmesidir[49] ve bu gibi örneklerin sayısı çoğaltılabilir. Bu farklılık tamamen dijital dilin kendisine hakim olma ve dijital dünyaya analog kadar güvenip güvenmeme sorunu ile alakalıdır.

Prensky Dijital Yerlileri öğrenciler ve Dijital Göçmenleri ise onların öğretmenleri olarak değerlendirmiş, Dijital Yerli öğrenciler ile Digital Göçmen öğretmenlerinin teknolojik okuryazarlığı arasında derin bir boşluk belirmiş olmasından endişe duymuştur. Bu nesiller arası boşluğun "eğitimin bugün karşılaştığı en büyük " olduğunu iddia etmiştir.[50] Dijital Yerlilerin öğrenme biçimleri ve eğitim sisteminin onların öğrenme biçimleri karşısında ilgisiz kalması bu derin boşluğun oluşmasını sağlamaktadır. Dijital Yerliler sanal dünya ile çevrelenmiş olmaları ve her istediklerine kolay ulaşabilme fırsatları sebebiyle, Dijital Göçmenlerden oldukça farklıdırlar. Aradaki farklardan en belirgin olanı; sanal dünya, Dijital Göçmenler için bir araç işlevi görmektedir. Daha önce de bahsedildiği gibi bu dünyayı el kitabı olarak ya da başvuru kaynağı olarak kullanmaları, onları teknolojiyi kullanım ve bundan faydalanma amaçlarının genellikle belirli bir gereksinimden kaynaklanmaya itmektedir. Oysa dijital dünya, Dijital Yerliler için ise bir amaç ve yaşam biçimi haline gelmiştir. Dijital Yerli bu dünya içine neredeyse doğmuş ve bu dünyada kimlik inşa etmeye çok küçük yaşlarda başlamıştır.

Time'ın 2012'de yaptığı, Dijital Yerliler ve Dijital Göçmenler arasındaki medya kullanımını nasıl düzenlediği ve söz konusu aygıtlar ve platformlar arasındaki nasıl geçiş yaptığıyla

---

[49] Prensky, a.g.e s. 2.

[50] Prensky, a.g.e, s. 2.

ilgili araştırmadan çıkan sonuçlara göre:[51]

- Dijital Yerliler 1 saat içinde televizyon, gazete, tablet bilgisayar, akıllı telefon vb. platformlar arasındaki kanallarda 27 kez geçiş yapabilmektedir.
- Duygusal iniş çıkışları alt seviyede deneyimleyen bu kitle çok kısa sürede sıkılmakta ve havalarını değiştirmek için dikkatlerini başka bir yere vermektedirler.
- Evde, odadan odaya geçerken bile dijital yerliler (%65), akıllı telefonları sanki bir uzvuymuş gibi yanından ayırmadan kullanmaktadır.
- Dijital Yerlilerin yarısından fazlası (%54), insanlarla konuşmak yerine mesajlaşmayı tercih ettiğini söylerken Dijital Göçmenlerle karşılaştırıldığında bu oran %28'e düşmektedir.

Web 2.0 teknolojilerinin erken ve geç evlatları olan Dijital Göçmenler çeşitli bilgisayar teknolojilerine tanıklık etmiş ve farklı bağlamlarda kullanmışlardır. Bu bağlamları sosyal medya ile çeşitli düzeylerde deneyim kazanmıştır. Gereklilik üzerine dijital devrimin gerçeklerini kabul etmiş ve ortaya çıkan rollerin temellerini öğrenmek için çaba göstermektedirler. Halen ise dijital dünyayı bir araç olarak halihazırda kullanmaktadırlar. Bu kullanım biçimi piyasaları takip etmek, hızlı ve etkili iletişim kanalları oluşturmak, kendi iş stratejilerini güçlendirmek ve bilgi edinmek gibi analog yaşama destek olacak türdendir.

Dijital Göçebeler (Digital Nomads)

Göçebelik toplumsal bir kümenin yaşamlarını ve soylarını devam ettirebilmek için çeşitli aralıklarla yer değiştirmesidir. Çoğunlukla yer değiştirme işlemi toprağa ve hayvancılığa bağlı

[51] Çetin ve Özgiden, Dijital Kültür Sürecinde Dijital Yerliler Ve Dijital Göçmenlerin Twitter Kullanım Davranışları Üzerine Bir Araştırma, s. 178.

olarak sağlanır. Bu toplum kümleri mevsimsel değişimlerle alakalı olarak, hayvanların yaşamlarını sürdürebilmesi için ovaya ve dağa yerleşirler. Mevcut iklim koşulları göçebelik üzerinde önemli etkendir. Belli bir yaşam alanları yoktur. Göçebeler yerleştikleri alanın koşullarını kullanır ve uyum sağlarlar ancak kendi kültürel yapılarını yeni düzenleri ile değiştirmezler. Günümüzün yeni göçebeleri olan Dijital Göçebeler de dijital sistemleri kendi çıkarları doğrultusunda kullanırken analog yaşantılarına devam etmektedirler. Dijital göçebeler bu anlamda mekân bağımsız ve dijital araçlardan çıkarları doğrultusunda faydalananlar ile mekân bağımlı ve dijital cihazları mevcut düzene ayak uydurabilmek adına kullananlar olarak ikiye bölünmüş durumdadırlar.

Dijital Göçebe kavramı üzerine şekillenmiş iki ayrı tanım ortaya çıkmıştır. Bunlardan ilki popüler bir söylem olan ve mekân bağımsız çalışmayı niteleyen Dijital Göçebeliktir. Bu kavrama göre internetin olduğu her yerde mobil sistemler üzerinden çalışan ve mekândan bağımsız yaşayan bireyler Dijital Göçebe olarak adlandırılmaktadır. Dijital Göçebelik hareketliliği duruma göre değişebilir; yaşadığı ülkenin ekonomik, politik ve sosyal yaşantısından memnun olmamak gibi... Yaygın dijital göçebeler arasında göçmenler, zengin insanlar, gençler ve girişimciler bulunmaktadır. Dijital Göçebeler haline gelen insanlar genellikle maddi bağımsızlık ve yer bağımsızlığı sağlayan, bunu bir kariyer gibi görerek olumlu nedenlerden dolayı bunu yapmaktadırlar. Bu anlamda dolaşım halinde olan ve serbest çalışanlar ya da belli bir merkeze bağlı çalışanlar için Dijital Göçebe tanımı kullanılmaktadır.

Kablosuz internetin olduğu tekno alanlar geliştikçe mobil araçların kullanıldığı iş hayatı ile rahatlama (rekrasyon) alanları arasındaki çizgi bulanıklaşmaya başlamıştır. Bu durum ise Dijital Göçebelerin çalışma hayatı için üçüncü alan olan olarak ortaya çıkan kamusal alanlara olan taleplerinde artışa sebep olmuştur.

Çalışma alanları yaratılmış ve ücretsiz kablosuz internet hizmeti sunan informal etkileşimin olduğu kafeler bu alanların başında gelmektedir.

Küresel olan Dijital Göçebeler sanal hareketlilik ve etkileşim yoluyla kurulan karmaşık bir kesişim noktasında sosyal alanların mobil alanlarını üretmektedirler.[52] Bu nedenle zaten tartışmalı bir konu olmasına rağmen, ağ ilişkilerinin yeni medyanın kullanımıyla bağlantılı olarak mesafe kavramının yeniden düzenlenmesini bir kez daha tartışmalı hale getirmektedir. Bu tartışmada zaman ve mekân sıkışması başat rol üstelenmektedir.

Diğer taraftan kavramın bir başka karşılığı olarak, Dijital Göçebelik, dijital dünyaya doğmamış, yaşamlarının büyük çoğunluğunu analog yaşamış, sinema, televizyon ve radyo gibi geleneksel kitle iletişim araçları ile seyirlik doyuma ulaşmış bir kuşağı da temsil etmektedir. Mobil cihazları sadece iletişim ihtiyaçlarını karşılamak ve kendilerinden genç olan Dijital Göçmen ve Dijital Yerli çocukları ya da torunlarına uyum sağlamak için kullanırlar. Dijital Göçebeler çoğunlukla Amerikalı Baby Boomers ve X kuşağının ilk dönemi doğanlardan oluşmaktadır. Bununla birlikte dijitalleşme sürecinde, internet ve mobil iletişim teknolojileri ile geç tanışmış olanlar da Dijital Göçebe sayılabilir.

[52] Mascheroni, Global Nomads' Network and Mobile Sociality: Exploring New Media Uses on the Move, s. 527.

E-DEMOKRASİ

Demokrasi modern devletin siyasi rejim biçimidir. Demokrasinin ne olduğu üzerinde güçlü bir uzlaşı sağlamak mümkün değildir. Demokrasinin işletilme biçiminin temelini oluşturan yapı içerisinde toplumsal katılım ile vatandaşların hak ve hürriyetlerinin korunması gelmektedir. Demokrasi düşüncesinin çıkış noktası *agora*'da temellendirilmektedir. Bauman'a göre; "Demokrasi, şehir devletini oluşturan iki önemli kesimin, *ecclesia*[53] ve *oikos*'un[54], hem aralarındaki sınırı çizen, hem de birleştirme noktalarını temsil eden *agora*'nın yaşam biçimidir."[55] Demokrasinin tanımından çeşitli bileşenlerin aynı anda ya da tekil olarak bulanmasına bağlı olarak söz edilebilir. Tilly bu bileşenleri şöyle derlemiştir; Anayasal, tözel, prosedürel ve süreç yönelimli.[56] *Anayasa*, bir devletin yönetildiği bir dizi temel ilke veya yerleşik ilkelerdir. Bu ilkeler kapsamlı bir belgede yazıldığında kodlanmış anayasanın somutlaşması ve devlet-toplum nezdinde geçerli olması anlamına gelmektedir. Devletlerde, bir anayasa devletin temel aldığı ilkeleri, yasaların hangi usulde ve kimin tarafından yapıldığını tanımlar. Öte yandan iktidarların

---

[53] Ecclesia toplumu ifade etmektedir. Kökleri Homerik agoraya dayanmaktadır. 18 yaş ve üstü erkek yurttaşların politikada söz sahibi oldukları toplumsal yapıdır.

[54] Oikos özel alanı tanımlamaktadır. Özel alan hane halkının kamusal alandan ayrı olduğu bir alandır.

[55] Bauman, Modernite, Kapitalizm, Sosyalizm, s. 17.

[56] Tilly, Democracy, s. 7.

sınırlayıcıları işlevini görür. Devlet-toplum, toplum-devlet ve toplumdaki bireylerin birbirleriyle ilgili tüm yasal sorumluluk ve sınırları anayasaya bağlıdır. Bu anlamıyla anayasa yazılı ve yaptırımları olan toplumsal sözleşmelerdir. Bununla birlikte bir devletin yönetim biçimini belirten temel kanunlardır. Özellikle Magna Carta'dan bugüne kadar geçen süreçte kişi ve toplumsal hak ve özgürlüklerin koruma altına alınması anayasal düzenlemelere bağlıdır. Demokratik bir anayasa ile birey, kendisine tanınan hakları sayesinde toplum yaşantısına katılır ve kamusal alanda varlığını sürdürebilir. Rüştünü tam anlamıyla ispatlayamamış olan az gelişmiş ve gelişmekte olan ülkeler sınıflandırmasında ya da demokrasinin işletilme sorunlarının olduğu ülkelerde kişi hak ve özgürlükler çerçevesinde en tartışmalı konulardan olan düşünce ve düşünceyi yayma özgürlükleri, anayasal olarak korunsa da iktidar baskısı ile karşı karşıyadır. Kamusal akıl üretimi, düşünce özgürlüğü ve özgür düşüncenin kamuya açık ifade edilmesi, toplumsal sözleşme olan anayasa tarafından her ne kadar koruma altına alınmış olsa da iktidar baskısına maruz kaldığında, demokrasinin sözde varlığından bahsedilebilir. Bu anlamda Tilly demokrasinin varlığından bahsedilebilmesi için; anayasanın maddelerinde topluma ve bireye dönük hak ve özgürlüklerin tanınmanın yanı sıra, iktidarın da anayasal hükümlere bağlı kalmasının gerektiğinden bahseder. Tilly açısından bir diğeri *tözel yaklaşımlardır.* Bu yaklaşımlarda içerisinde bulunulan rejim insanların refahını, bireysel özgürlüklerini, güvenliği, adaleti, sosyal eşitliği, kamusal müzakereyi ve çatışmaları barışçıl yollarla çözümler.[57] Tözel yaklaşımlarda iktidarın politikaları ve mümkün kıldığı yaşam koşulları belirleyicidir. *Prosedürel* tanımlarda ise analistik durumlar konu alınmaktadır. Rekabete dayalı ve çok partili bir siyasal sistemin varlığı, tüm ya da en azından büyük ölçüde yetişkinlerin seçimlere katılabilmesi ve seçimlerin şeffaflık içerisinde sürdürülmesi prosedürel tanımların

[57] Tilly, Democracy, s. 7.

yerine getirilmesini kapsamaktadır. Son olarak da Dahl *süreç yönelimli* yaklaşımlarda beş kriter ortaya atmıştır; etkin katılım, oy kullanma eşitliği, bilgi verme anlayışı[58] (enlightened understanding), gündemin kontrolü ve yetişkinlerin dahil olması.[59] Dahl özellikle bu beş kriter üzerinden demokrasiyi değerlendirmiş ve yoğunlaşmıştır. Öte yandan Dahl'a göre politik düzenlemeleri, uygulamaları veya kurumları ülkenin demokratik olarak idare edilmesi için en azından ideal demokrasinin standartlarına tamamen olmasa da çoğunlukla uyması gereklidir. Bu haliyle geniş ölçekli demokrasi şunlara gereksinim duyar; seçimle belirlenmiş memurlar, seçimlerin özgür bir ortamda ve sıklıkla yapılması, ifade hürriyeti, alternatif bilgilenme kaynakları (bilgi verme anlayışı ile iç içedir), kurumsal özerklik ve referandum. Bu koşullar ve önceden bahsedilen koşullar demokratik bir ülke için asgari şartlardır.

Demokrasinin varlığından söz edebilmek için Tilly ve Dahl'ın ortaya attığı koşullar demokrasinin ilk aşamada varlığını saptamak için her ne kadar uygun düşse de, demokrasi sürdürülebilirlik açısından da varlığını korumak zorundadır. Tüm koşulların yerine getirildiği, şeffaflıkla iktidara gelmiş ve demokrasinin tüm imkanlarından faydalananlar, yönetimi kendi oluşturdukları çıkar gruplarınca kullanmaya başladıklarında, demokrasi büyük harflerle yazılmış olan bir başlık olarak kalır ve içeriği silikleşmeye maruz kalır. Demokrasinin işlevsizleştirilmesi yani toplumda, kitle iletişiminde ve hukukta hissedilir baskılar yaratılmaya başlandığı örnekleri oy çokluğunun %40-45 ve üzerinde olduğu ülkelerde yaşanmaktadır. Tilly'nin "Demokrasi" başlıklı kitabında verdiği Kazakistan örneği ya da 2018 seçimlerinde %83 halk oyunu alan Aliyev'in Azerbaycan'ı, 2017'de %97 oy ile

---

[58] Bu anlayışa göre her bir vatandaş ilgili alternatif politikaları ve bu politikaların olası sonuçlarını öğrenebilmek için eşit ve etkin fırsatlara sahip olmalıdır. Bilgilendirme ise politika yapıcılar tarafından bireylere sunulmalıdır.

[59] Tilly, Democracy, s. 9.

tekrar başkan seçilen Berdimuhamedov'un Türkmenistan'ı gibi... Touraine'e göre; Demokrasi yalnızca yasalara değil, daha çok bir siyasal kültüre dayanır ve demokratik kültür çok kez eşitlikle tanımlanmıştır.[60] Demokrasinin işletilmediği ve kitle iletişim araçları üzerinde siyasi erk baskısı olan ya da kitle iletişim araçları zaten kendi sahipliklerinde olan bu gibi ülkelerde vatandaşlar haklarını aramak ve siyasi kontrol altında tutulan geleneksel medya araçlarına alternatif yollar aramak çabasına girmektedirler. İnternetin vadettiği özgürleştirici yapısı bu türden ve kitle iletişim araçlarının çıkar gruplarının ellerinde bulunduğu poliarşik ülkelerde devreye girmektedir. Bireyler ifade özgürlüğü alanı olarak interneti anonim şekilde kullanmakta ve kamusal alanı dijital evrene yaymaktadır. İnternetin salt eğlence aracı olarak kullanılmadığı, kitle iletişim biçimlerinde alternatif olduğu, cemaatlerin kurulabildiği, sosyal sorumlulukların hareketlendiği ve toplumsal hareketlerde de başat rol oynayabildiği gerçeği ile yüzleşen, demokrasi söylemi içerisinde olup da demokrasinin işletilmesini kendilerine eviren iktidarlar, dijital dünyaya müdahale etmenin yollarını aramaktadır. İnternet konusunda yapısal boyut dikkatimizi, demokrasi ile ilgili iletişim alanlarının genel olarak yapılandırılma biçimine yönlendiriyor, çünkü bu, siber coğrafyanın yasal, sosyal, ekonomik, kültürel, teknik ve hatta web mimari özellikleri bakımından organize edilme biçimi gibi şeylerle ilgili olan bu faktörler, internet'in sivil kullanım için erişilebilirlik (ya da değil) yollarını etkilemektedir.[61]

İnternet tabanlı yurttaş katılımı küresel düzeydedir. Teknolojik altyapısı, içerikleri ve içeriklerin kullanım biçimleri bakımından içerik üreten kurumsallaşmış dijital medya şirketleri haricinde kalan içerikler, kullanıcılar tarafından üretilir ve paylaşılır. Kullanıcı temelli içerik üretimi beraberinde birçok yeniliği de beraberinde getirmiştir. Bunların başında bireylerin sosyal

[60] Touraine, Demokrasi Nedir?, s. 25

[61] Dahlgren, Internet, Public Spheres and Political Communication, s. 149.

ağları kullanarak topluluklar oluşturması ve sözü olanın kendisini ait hissedeceği ya da kendisini ifade edeceği sanal mekânlara kavuşması yer almaktadır. Bireyler, kurulan sanal topluluklar vasıtasıyla kamusal düzeyde tartışmaların içerisine katılabilmekte ve düşüncelerini açıkça ifade etme imkanına sahip olmaktadır. Bu anlamda sanal evrende kurulmuş olan kamusal alanlar, dijital demokrasinin taşıyıcısıdır. Alternatif yeni medya ile kurulmuş sanal topluluklar katılımcı demokrasinin getirdiği bir özgürlük alanına işaret etmektedir. Alternatif yeni medyanın demokratik yanı hem siyasi süreçlerde hem de vatandaşların yaygın ve doğrudan katılımı olarak tanımlandığı radikal ve katılımcı demokrasinin desteklenmesi ile ilgilidir.[62] Yeni medya katılım biçimlerine bağlı olarak –içerik üretme, destekleme ya da takipçi konumunda olmak- konvansiyonel medyadan edilgenlik ve etken rol oynama bağlamında önemli ölçüde ayrışmaktadır. Konvansiyonel medya karşısında birey edilgendir ve salt alıcı konumundadır. Buna karşılık yeni medya etken birey yaratarak interaktiflik konusunda önemli bir aracı niteliği taşımaktadır. Howard'a göre; "*İnternet teknolojilerinin demokrasi için iyi olduğu argümanı, günümüz siyasal iletişiminin daha da güçsüzleştirici yönlerini hafifletebilecekleri iddiasına dayanmaktadır. Tek yönlü, bilgi fakiri televizyon ve gazete basınının etkilerini bertaraf eden her şey demokratik müzakerelere yardımcı olmaktadır. İnternet araçlarının sivil katılımı güçlendirmek, konvansiyonel medyadaki olumsuz etki yaratabilecek diğer medya biçimlerinin yerini alması ve katılım sürecine önemli bilgiler vermesi konusunda olumlu etkileri olmaktadır. Bu çerçevede, vatandaşlar geleneksel haber kaynaklarından, kamu politikası yetkilileri ile sınırlı etkileşimden ve bilgi birikimine ilişkin az sayıda fırsattan yetersiz bilgi kaynaklarına sahiptir. Bu olumlu bakış açısıyla, bilgi tedariğinde hemen hemen her türlü sorun internet gibi interaktif teknolojilerle aşılabi-*

[62] Lievrouw, Alternative and Activist New Media, s. 149.

lir."[63] Howard internet ve dolayımındaki alternatif bilgi kaynaklarının kullanıcı çevresinde gerçekleşmesinden dolayı, demokrasinin işletme sorunlarının olduğu konvansiyonel medyadaki sorunların internet ile aşılabileceği inancındadır. Sanal topluluklar özellikle kamusal alana eklemlenebileceği gibi, fikir alışverişi yapmak, kamuyu harekete geçirmek ve katılımcılar arasında empati kurmak gibi güçlü etkilere sahiptir. Bu etkiler Wall Street'i İşgal Et (Occupy Wall Street-ABD), 15M Öfkeliler Hareketi (15M Movements-İspanya), Arap Baharı, Taksim Gezi Parkı ya da Nijerya'daki dijital sivil direniş hareketleri gibi sanaldan sokağa yansıyan hareketlerde açıkça görülmüş ve söylemleri de sanaldan gerçek yaşama kadar uzanmıştır. Jan van Dijk ise; e-demokrasiyi zaman, mekân ve diğer fiziki şartlar olmaksızın, dijital yöntemler kullanılarak, analojik politik uygulamalara ek olarak kullanma çabası olarak görmektedir.[64] Bu anlamda dijital ortamlar e-demokrasi çerçevesinde diyalog oluşturma ve kamuoyu yaratma açısından önemlidir. Oluşturulan kamuoyu içerisinde azınlıklar ve karşı-kamular da kendilerine yer bulmaktadırlar.

Genel anlamda internetin etkileri konusunda iki temel yaklaşımdan söz edilmektedir. Bunlardan birincisi, "ilerlemeci" bir anlayış içerisinde; teknolojinin özgürleştirici etkisini ön plana çıkartan görüştür. Bu yaklaşıma göre, internet bir bilgiyi bir yerden başka bir yere olağanüstü bir hızla taşıyan güçtür. Bilginin güç olarak algılandığı bir çağda bu teknoloji, birçok araştırmacı ve uygulamacı için olağanüstü geniş imkanlar sunmaktadır. İnternet teknolojisi sayesinde tek merkezin olmadığı "siber uzay" ortamında insanlar, otoriter ya da totaliter yöneticilerden bağımsız, kendilerini daha kolay ifade edebilir hale gelmişlerdir. Özellikle otoriter yönetimler içindeki muhalif gruplar, bu teknoloji

[63] Howard, New Media Campaigns and the Managed Citizen, s. 62-63.

[64] Dijk, The Network Society, s. 104.

sayesinde uluslararası normlara ters düşen uygulamaların önlenmesi konusunda dış dünyadan daha kolay destek bulabilir duruma gelmişlerdir. "İnternet-bilgi çağı" toplumları, daha özgür ve demokratik toplumları da beraberinde getirmektedir. İkinci görüş ise, teknolojik determinizm geleneğine karşı çıkan ve teknolojinin de toplumsal olarak inşa edildiğini savunan diğer bir bakış açısıdır. Bu görüş; internet gibi bilgi teknolojilerinin tek başlarına bir değişim öğesi olamayacağını, tam aksine kurulu düzenleri pekiştirici bir etki yapacağını savunmaktadır. Gelişmiş bilgi iletişim teknolojileri sosyal yapı üzerinde önemli bir etki yaratır. Savaşlar, icatlar, kültürel ve siyasal reformlarla yüzyıllar içerisinde kurulmuş olan toplumsal yapı ve kültür üzerinde etkili bir eklentili yapı olarak, düzeni değişime ve dönüşüme uğratır. Örneğin makineleşme ile ortaya çıkan seri üretim mantığının toplumsal yapı ve işgücünde yarattığı değişim gibi, „internet-bilgi çağı" da bireylerin iletişim biçimlerinde, ticaret ya da üretim şekillerinde değişim yaratmıştır. Bu durum fazla hayrete düşülecek bir şey değil, hatta tüm insanlık tarihi göz önüne alındığında, yani her yeni icadın toplumlar ve hatta devletler üzerinde yarattığı etki düşünüldüğünde, temelde normal karşılanabilecek bir değişim rüzgarıdır. Telefonun icadı ve yaygınlaşmasının mektubu geride bırakması ya da motorlu araçların icadı ve yaygınlaşması ile at sırtından inilmesi gibi. İnternete dayalı bilgi iletişim teknolojileri insanlığı tüm icatlardan daha öteye taşımıştır. Bireylerin gündelik rutinleri üzerinde önemli değişiklikler yaratmıştır. Bu sayede artık her birey iletişim alanında hem üretici hem de tüketici konumuna yerleşmiştir. Geleneksel iletişim biçimlerinde birey edilgen bir rol oynarken, etken role geçmiş ve tek taraflı yayın ilkesi ortadan kalkmıştır. Öyle ki bireyler artık haber yayıcısı konumuna dahi yerleşmiştir.

İçeriklerin kullanıcı tarafından üretilmesi ve paylaşım imkanı, internet yurttaş gazeteciliğini ortaya çıkarmıştır. Yurttaş gazeteciliği temelde, ana akım medyanın ticarileşme ve siyasallaşmasının bir sonucu olarak ortaya çıkmıştır. Yurttaşların ana akım medyadan beklentilerinin karşılanmadığı durumlarda ve pasif durumdan aktif konuma geçmek istediklerinde toplumsal bir bilgi akışı niteliğini taşımaktadır. Yurttaş gazeteciliği egemen medyadaki gazetecilik uygulamalarının bir alternatifi olarak görülmenin yanı sıra okuyucu, dinleyici ve izleyicileri; sorunlar ve güncel olaylar hakkında eğitmeyi, kendileriyle ilgili kararların alınması sürecinde onları bilinçlendirmeyi amaçlamaktadır.[65]

Yeni bilgi ve iletişim teknolojilerinin, modern toplumun son dönemindeki tüm yaşam alanlarını etkilediği elbette ki bir haber değil, ancak demokrasiyi ne ölçüde geliştirdikleri konusunda belirsizliği devam etmektedir.[66] Yeni bilgi ve iletişim teknolojilerinin demokrasiye katkı sağlayıp sağlamadığı akademik bir tartışma konusudur. Bireylerin haber üretimi ya da haber akışı sağlaması ile kamusal alan görevinden uzaklaşmış geleneksel medyanın yerini alması basın anlamında bir demokratikleşme katkısı sağlayacağı söylenebilir. Ayrıca bireyler sosyal taleplere ya da siyasi erkin hatalı uygulamalarına, internet ve onun dolayımındaki uygulamalarla hızlı yanıt vermek imkanına sahip olmuşlardır. Demokrasinin işletilmesindeki önemli noktalardan olan çok seslilik ve düşünceyi yayma özgürlüğü internet ile daha kolay hale gelmiştir. Ancak internet aktivitelerinde yer alan dezenformasyon, misenformasyon ve engellemeler, internet ne kadar demokratik ve güvenilir sorularını da düşündürmektedir.

Geleneksel medya araçları ve içerikleri modernizm ile birlikte poliarşik demokratik devletin bağımsız yapılarından biri olarak kabul edilmiştir. Bu idealizasyon, konvansiyonel medyanın yurttaşları bilgi edinme haklarını tedarik etme ve kamusal alanda demokratik bir forum niteliği oluşumunu sağlamak yükümlülüğüne sahiptir. Günümüzde yeni medya ve onun dolayı-

---

[65] Değirmencioğlu, Yeni Medya Çağında Haberciliğin Dönüşümü: Yurttaş Gazeteciliği Bağlamında Hiper Yerel Gazetecilik, s. 150.

[66] Dahlgren, Internet, Public Spheres and Political Communication, s. 150.

mında ortaya çıkmış olan ağ toplumunda, dijital evren veya sanal cemaatler yeni bir kamusal alan olarak siber kamusal alanı yaratmakta ve bu sayede internet toplumsal ilişkileri yeniden yapılandırmaktadır. İnternetin postmodern kullanıcıları kendinden önceki analog kuşaklardan daha esnek ve daha açık fikirli bir bilinç düzeyine sahip olarak, demokratik ve özgürlükçü bir anlayışa sahiptirler.[67] Ortaya çıkan bu yeni bilinç düzeyi ve kamusal alanın dijitalleşmesi ya da zaten varolamamış kamusal alanın dijital evrende inşa edilişi, beraberinde yeni bir toplumsallaşma ve sosyalizasyon sürecini getirmektedir. Bilindik anlamında geleneksel medyanın toplumsallaştırma işlevini internet ve ona bağlı uygulamalar almaktadır. Birey özgürlükleri ve anayasal hakları ile demokrasi savunuculuğu görevini kendi yarattığı dijital evreninden savunmaya çalışmaktadır. Bu anlamda iletişim biçimleri de yüz yüze iletişimden öte hiper metinler aracılığıyla yükselmektedir. Bireyin interneti alternatif haberleşme kaynağı olarak kabul etmesinin öncül sebepleri arasında; özgür düşüncenin toplumsal ve hukuki açıdan baskı altına alınması, konvansiyonel medyanın da demokrasiyi koruma ve sürdürme konusundaki yetersizliği gelmektedir. Sanal kamusal alan olarak inşa edilen yeni dünya, ifade özgürlüğünün sınırlarını genişletmiş ve çok sesli bir ortama dönüşmesini sağlamıştır. Yeni medya, çok seslilik ve ulaşılabilirlik bağlamlarında vatandaşlara daha fazla görünürlük sağlamaktadır. Bu ve daha birçok toplum faydacı sebepten ötürü demokratikleşmeden uzaklaşan ya da demokrasiye bağlanamamış hükümetler, internetteki bu çok sesliliği ve ifade özgürlüğünün sınırlarını belirleyecek müdahalelerde bulunmaktadır. Kimi durumlarda iktidarı zayıf bırakacak korkusuyla baskı amaçlı, kimi durumlarda da anayasaya aykırılığı öne sürülerek ifade özgürlüğü baskılanmaya çalışılsa da, internetin özgürleştirici yapısının gerçeği yadsınamayacak kadar önemlidir.

---

[67] Lewis, Cultural Studies, s. 346-347.

Laclau'ya göre, iki tür toplumsal talep tanımlanabilir: Demokratik talepler ve popüler talepler. Birincisi, diğer taleplerden yalıtılmış sosyal talepler olarak tanımlanırken, ikincisi, diğer taleplerle birlikte toplanan toplumsal talepler olarak tanımlanmaktadır. Popüler talepler kültürel bağlamda da hızlı tüketime dayalı ve hoşnut tutulması zor olan Y ve Z kuşaklarını temsil etmektedir. Eski talep türleri, diğer taleplerle içsel ilişkileri nedeniyle değil, sistemle olan dışsal ilişkilerinden dolayı *demokratik* olarak adlandırılmaktadır.[68] Sosyal talepler yalıtılmış kaldığı zaman, sistem tarafından demokratik bir şekilde ele alınabilir ve tatmin edilebilir. Öte yandan, toplumsal talepler birleştikçe ve popüler hale geldiklerinde, sistemin başa çıkması ya da tatmin edilmesi son derece zor olduğu için başa çıkmak da gittikçe daha zor hale gelmektedir. Çünkü popüler talepler sürekli değişim göstermekte ve tüketime dayalı olarak değişmektedir. Halkın talepleri, popülist hareketlerin temel unsurları olduğu için, odaklanılması gereken taleplerdir.[69] Günümüzde bu talepler doğrultusunda ortaya çıkan yönelimler ve iletişim biçimleri her ne kadar bağımlılık ya da hastalık gibi terimlerle ifade ediliyor olsa da, ortaya çıkan sonuç dijitalleşmiş yeni dünyanın hayata bakış ve hatta yaşayış biçimidir. Ancak popüler talepler yaratılıp ve karşılığında talep oluşturuldukça, demokratikleşme taleplerinde azalma görülecektir. Bu durum kendisini açık biçimde yeni medyanın kullanım biçimlerinde gösterir. Ağırlıklı olarak vitrini süslenmiş ağ toplumu bireyleri, görünürlük alanı yaratmak ve kendilerini seyirlik objeler haline getirmeye çalışmakta, sonuçları da çoğunlukla kamusal akıl üretiminden uzaklaşmak şeklinde yoğunlaşmaktadır.

---

[68] Husted, From Creation to Amplification: Occupy Wall Street's Transition into an Online Populist Movement, s. 157.

[69] Laclau, On Populist Reason, s. 74.

YENİ MEDYA'NIN KULLANIM ALANLARI VE DİĞER DİSİPLİNLERLE İLİŞKİSİ

Yeni medya tarihsel bir zaman dilimine yerleştirilecek olursa, konvansiyonel medyanın, hemen sonrasına değil, her ikisi arasında kalan multimedya devriminin devamı olarak yerleştirilebilir. Yeni medya çok çeşitli pencerelerden bakıldığında disiplinlerarasılığı ile farklı birçok disiplinin içerisine sızmış durumdadır. Öncelikli olarak iletişim bilimlerinin çalışma alanında yeni bir dönüm noktası oluşturmanın yanı sıra, yarattığı etkiler ve kullanımı açısından siyasal, psikoloji, sosyoloji ve felsefe çalışmalarının konusu da olmuştur. Bunun başlıca sebepleri arasında yeni medyanın bireyler açısından bir yaşam alanı olarak değerlendirilmesi ve mobil akıllı cihazların vücudun bir uzvu haline gelmesi yatmaktadır. Salt bu iki durum dahi yeni medya kullanıcısının yaşamını etkilemekte ve yeni davranış biçimlerini ortaya çıkarmaktadır. Bu durum gündelik ve toplumsal kültürü de baskılamakta ve onu değişime gitmeye zorlamaktadır. İlk bakışta kültürlenme biçimleri üzerinde caydırıcı etkisi olduğu ileri sürülebilse de, birçok alanda tartışmalı bir konudur. Konvansiyonel medya, medya holdingleri, politikacılar ve çok uluslu şirketlerin kontrolü altında iken, yeni medya, dijital çağda ucuz tüketici elektroniği politiği, ekonomik ve kültürel bağlamlarda büyük oranda yurttaşların kontrolü altında tutulmaktadır.[70] İnternet

[70] Howard, Castells and the Media, s. 2.

dolayımlı yeni medya, içerisinde barındırdığı hipermetinler sayesinde, görsel, işitsel ve etkileşime açıklığı ile geleceğin tek medyası olarak gösterilmektedir.

İnternetteki trafik 1990'lardan bu yana muazzam şekilde büyüme göstermektedir. İnternete erişimin günden güne katlanarak arttığı belirtilmektedir. İnsanlar artık haber ya da diğer enformasyon biçimlerine ulaşmak, resmi ya da özel iletişim kurmak için interneti kullanmaktadır. Yatırım araçları edinmek isteyenler, ilgili sitelerden derinlemesine bilgi edinmek için internetten yararlanmaktadır. Öğrenciler eğitimle ilgili bilgi almak, sınav sonuçlarını öğrenmek için interneti kullanmak durumundadır. Kurum ve kuruluşların sitelerine girilerek ilgili bilgi ayrıntılı biçimde alınabilmekte, böylece ulaşım sorunları ve bürokratik yığılmalar en aza inmektedir. Sanal alandaki iletişim, diğer medya türlerine olan ilginin azalması sonucunu doğurmaktadır. ABD'de yapılan bir araştırma sonuçlarına göre, internet kullanıcılarının %65'i televizyon izlemek için daha az zaman harcadıklarını, %27'si aile ve arkadaşlarıyla telefon görüşmelerine daha az zaman ayırdıklarını bildirmektedirler. Bu veri internet içeriklerinin ve internetin sağladığı iletişim kurma yönteminin geleneksel yöntemlerin önüne geçtiğini göstermektedir.

İnternet teknolojisi ile birlikte ortaya çıkan yeni yayın imkanlarıyla, öncelikle kamusal tartışmanın ve ifadenin sınırları genişlemiş, sanal ortamda edilmiş bir sözün ya da tartışmanın etki sınırları ulus devletlerinkini de aşarak tüm insanlığı kapsayan bir uzama yayılmıştır. Bu durum özellikle yayın anlayışında geleneksel yöntemlerle, dijital yöntemleri karşı karşıya getirmiş ve *her kullanıcıya göre özelleşmiş içerik* anlayışını doğurmuştur. İnternetteki trafiğin artışına ve çevrimiçi olmanın mobil cihazlarla daha erişilebilir hale gelmesiyle içeriklerin sayısı da artmıştır. Kapsamın genişlemesi ve yazılım şirketlerinin her boşluğu doldurma çabasıyla sadece yeni bir tür yaşam alanı kurulmamış, ayrıca bireylerin iletişim biçimlerinde de değişiklik yaratmıştır.

Tıpkı ABD'de yapılan araştırmadan çıkan; %27'nin telefon görüşmelerine daha az zaman ayırması gibi.

Gazetecilik Kavramındaki Değişim ve İnternet Gazeteciliğinin Doğuşu

Teknolojideki değişime uyum sağlamaya çalışan geleneksel kitle iletişim araçları, internetin yaygınlaşmasıyla birlikte öncelikle çevrimiçi ortamda kendi web sitelerini oluşturmuş, gazeteler kağıt üzerindeki içeriklerini, televizyon kanalları ise günlük haberleri ve yayın akışlarını olduğu gibi bu sitelere taşıyarak halka sunmuştur.[71]

Teknoloji, gazetenin farklı bir iletişim ortamına taşınmasına ve günlük gazete okuma biçimlerinin de değişmesini sağlamış, yeni bir gazetecilik biçimi ile okur-izleyici kitleyi tanıştırmıştır. Yeni bilgi ve iletişim teknolojilerinden elektronik gazeteleri okuduktan sonra geride artık kalmamaktadır. Çünkü gazete, her gün hatta her an editör ya da görev başındaki basın çalışanı tarafından yenilenmektedir. İnternet ortamında yer alan haberlerin çoğunlukla geleneksel medya kuruluşları tarafından üretiliyor olması, haber üretimi, yayımı ve dağıtımı alanındaki sorunların internet ortamına da taşınması ihtimalini doğurmuştur. Bu durum, Türkiye'de büyük medya gruplarından bağımsız ve alternatif anlayışlarla yayın yapan bir internet medyasına olan ihtiyacı belirgin bir hale getirmektedir. İnternet gazeteciliğinin vaat ettiği açılım, hâkim medyadan bağımsız, kendi ayakları üzerinde durabilecek ve onlarla rekabet edebilecek güçte haber sitelerinin mevcudiyetini gerektirmektedir. Egemen medyaya alternatif olarak gösterilen internet yayıncılığı, mevcut gazete ve dergilerin internet ortamındaki versiyonları olarak algılanmamalıdır. İnternete atfedilen "elektronik (dijital) demokrasi" başlığı altında internet üzerinden haber yayını yapan elektronik gazeteler ideo-

[71] Çöteli, Cyber Public Sphere and Social Movements, s. 50.

lojiden ve sermayeden bağımsız olarak hareket edebilme ve günlük olayları yorumlayabilme ya da olduğu gibi aktarabilme gücüne/isteğine sahip olmalıdır. Geleneksel gazetecilikte ve internet gazeteciliğinde "okuma eylemi" öne çıkar. Yani her iki ortamda da hazırlanan yazılar, gazete okuru ya da internet kullanıcısı tarafından "okunur". Ancak, gazete okuru satın aldığı gazeteyi okumakla yetinir. Kendisine verilen bilgiyi kitle toplumu olmanın da getirdiği sorumlulukla olduğu gibi kabul eder. İnternette ise interaktif bir yayıncılık anlayışı söz konusudur. Kullanıcı, okuduğu haberle ilgili duygu ve düşüncelerini dile getirebilmektedir. Yorumda bulunabilir. Tek taraflı bir iletişim söz konusu değildir.

Güncel bir gelişmeyle beraber size aktarılan konu, enine boyuna anlatılabilir. Böylece okunulan herhangi bir konuda gerçek anlamda bilgilenme şansına sahip olunabilmektedir. Diğer yandan insanları bir "enformasyon bombardımanı" altında bırakmak da doğru değildir. Peki doğrusu ne? Elbette kararı okura bırakmak. Haber sitesi içerisinde var olan bağlantılar, oralara girip yazılanları okuma zorunluluğu getirmemektedir. Ancak merak edene de daha çok bilgilenme şansı tanımaktadır. Şimdiden internet üzerinde yer alan kimi gazete ve dergiler, aynı zamanda birer "haber ansiklopedisi" de oluşturmuş durumdalar. Dolayısıyla, bir Irak haberi veriliyorsa, Irak ile ilgili ulaşılabilecek pek çok arşiv malzemesi de aynı anda linklerle sunulmaktadır. Haberin geçmişi de arşivlenmesinden dolayı kolayca görülebilmektedir.

Elektronik gazeteler personel kullanımı, kağıt, baskı ve mekân maliyetleri açısından ekonomik bir çözüm olarak görülebilir. Elektronik gazeteler için çalışan gazeteciler hazırladıkları haberleri ya da abonesi oldukları haber ajanslarından edindikleri haberleri, gazetenin haber havuzuna gönderirler ve uygun bulunması halinde yayınlanır. Burada denetim tam olarak yazı işleri ve editörün kontrolü ile yapılmaktadır. Ayrıca baskı zamanını beklemektense, önemli ve son dakika gelişmeleri anında yayınlanır. Elektronik gazeteleri de birbirinden ayırmakta fayda olacaktır. Geleneksel biçimde baskıdan geçerek okuyucuya ulaşan gazetelerin internet versiyonları ile gelenek gazetecilik ile alakası olmayan ancak sanal dünyada haber yayınlamak amacı ile site oluşturan haber grupları mutlak birbirinden ayrı kefelere konmalıdır.

Gazetelerin "elektronik gazete" ye dönüştürülmesi için gösterilen çabaların altında haberlerin depolanması, arşivlenmesi, bu arşivleme olanağından yararlanılarak tekrar kullanıma sokulabilmesi; haber toplama, gönderme, işleme (dizgi ve sayfa düzenleme gibi) aşamalarının hızlandırılması, baskıya daha geç saatlerde girilerek en son gelişmelere ilişkin haberleri okura verebilme olanağının elde edilmesi gibi amaçlar yatmaktadır. Dolayısıyla "elektronik gazete" uygulaması haber toplamadan işlemeye, baskıdan dağıtıma kadar gazetenin tüm üretim aşamalarında yeni medya teknolojilerinin üretim hızını ve verimliliğini artırmanın yanı sıra, elde edilecek bu yetenekle gerek işletme girdilerinde gerekse çalıştırılan personel sayısında tasarruf sağlamayı hedeflemektedir. Bu bağlamda yeni medya, yazılı basının yeni iletişim ortamına uyum sağlaması için gerekli örgütsel esnekliğe ulaşabilmesi amacıyla bir "araç" olarak kullanılır.[72]

İnternet teknolojisinin gelişmesi ile çok uzun yıllar içerisinde kâğıda dökülen ve arşivlenen bilgiler çok kısa bir zaman içerisinde sanal ortama taşınmıştır. Tam bir enformasyon deposu olarak milyonlarca kişinin hizmeti altına girmiştir. Hızlı ve sınırsız bilgiye ulaşabilme fikri ile internet üzerinden bu bilgileri elde etmek gazetecilerin işlerini oldukça kolaylaştırmıştır. Japonya ya da Alaska'da gelişen olayların an an takibini yapabilmek ve konu ile ilgili gerekli bilgilere ulaşmak internet sayesinde son derece kolaylaşmıştır. Bir de bu Türkiye özelinde düşünülecek olursa,

[72] Törenli, Yeni Medya, Yeni İletişim Ortamı, s. 206.

ülkenin doğu ve batı, kuzey ve güneyinde olup biten haberlerden çok hızlı haberdar olunabilmektedir. Bir bölgede elde edilen habere ait detaylar çok daha uzak bir bölgede ki habercilere kimi zaman elektronik posta kimi zamanda video olarak aktarılabilmektedir. İnternet zamanın kısaltılması ve maliyetlerin düşürülmesi açısından gazetecilikteki araştırma ve bilgi edinme yöntemlerinde çok önemli değişiklikler yaratmıştır.

İnternet gazeteciliği, gazeteciliğe özgü haber toplama tekniklerinin kullanılması ve bu bilgilerin web ortamından yayılmasıdır. Bir başka değişle, internet ortamında açılan haber servisi ve sayfaları internet gazeteciliği ya da "on-line habercilik" gibi adlarla anılmaktadır. İnternet, geleneksel gazetecilik alanına, yeni ve farklı boyutların gelmesini sağlamıştır. Buradan anlaşılacağı gibi, internet enformasyonun hedef kitleye ulaştırılabileceği yeni bir alan olmuştur. Ancak internet kendine özgü olanaklarından dolayı, sadece mevcut kitle iletişim araçlarından çıkan enformasyonun yayılmasına olanak veren bir araç olmakla kalmamış, aynı zamanda enformasyonun yeniden üretildiği ve yeni biçimlerle sunulduğu bir ortam haline gelmiştir. Geleneksel gazetecilikte haber yazılarının, haber fotoğrafları ile desteklenmesinin yanı sıra internet gazeteciliği haber yazısının birden fazla fotoğraf ve mevcutsa kısa videolarla da desteklenmesine olanak sağlamaktadır. Türkiye'de yapılan bir araştırmada, gazetecilerin yüzde 40'ı, diğer meslek gruplarınınsa yüzde 60'ının, internet gazeteleri karşısında kağıda basılı geleneksel gazetelerin gelecekte var olmayacağını düşündüğü ortaya konmuştur. İnternet gazetelerinin tarihçesine baktığımızda; internet haberciliğinin kökeninin, televizyondaki Teletext yayınları olduğu söylenebilir. İnternet ile ortaya çıkan okuyuculara haber iletme olanaklarına hem geleneksel yöntemlerle yayın yapan gazeteler hem de haber ajansları hızlı bir biçimde uyum göstermişler, bunların hemen ardından da sadece internette yayın yapan haber siteleri ortaya çıkmıştır.[73] Bugün Türkiye'de ve dünyada birçok haber ajansı dijital arşiv tutmakta ve güncel ya da arşiv haberleri medyaya anında sunacak hizmet alt yapısına sahiptir.

İnternet Gazeteciliğinde Haber, E-Gazeteci ve Çalışma Yöntemleri

Gazete ve televizyon gibi geleneksel medya kuruluşlarının haber merkezleri, kararların güçlü bir emir komuta zinçiri içerisinde alındığı, katı bir hiyerarşiyle örgütlenmiş yapılardır. Buna karşılık, online haber merkezleri ademi merkeziyetçi ve esnek bir örgütlenmeyi gerektirmektedir. Deneysel, adapte olabilir bir yönetim kültürünü yansıtmaktadır. Türkiye'deki haber sitelerinin haber merkezleri de, bu önermeyi doğrular biçimde örgütlenmiştir. Haber siteleri, içeriklerini belli bir zaman kısıtlamasına bağlı kalmaksızın, çok hızlı ve sürekli olarak güncellenmesi mümkün olabilmektedir.

E-gazetecilik kavramını iki farklı boyutta ele almak gereklidir. Geleneksel gazetelerin sahip oldukları e-gazete versiyonları ve sadece e-gazetecilik yapan kurumlar. Bu ayrım çalışma yöntemleri ve kurumsal yapılanmaları bağlamında farklılıklar göstermektedir. Bugün birçok geleneksel gazetecilik kurumunun çevrimiçi sürümünün yönetildiği ayrı bir birimi bulunmaktadır. Bu birimde vardiyalı olarak dört ya da altı kişi çalışmaktadır. Gazetenin muhaberat biriminden gelen haberleri, yani haber merkezinin mevcut haber havuzundan haberleri çekerek günlük ve anlık olarak e-gazeteye aktarmaktadırlar. Sadece e-gazetecilik yapan kurumlarda çalışan gazeteci, internetin çeşitli araçlarını; e-posta, web, dosya transferi, haber grupları, e-posta listeleri, forumlar, ses ve görüntü akışı gibi detayları bilmeli ve kullanabilmelidir.

---

[73] Karaduman, Yeni İletişim Teknolojileri ve Medya, s. 143.

Gürcan ve Batu'nun aktarımıyla, çevrimiçi gazete yöneticileri arasında Florida State University tarafından yapılan bir araştırmada, sorulara yanıt verenlerin %20'si basılı gazetede çalışan muhabirlerin web sitesindeki özel materyallere katkıda bulunmakta olduğunu, basılı gazetede haber merkezi editörlerinden %31'i web sitesindeki bazı editöryel çalışmalara katıldıklarını, foto muhabir ve grafik tasarımcılarından %23'ü de web'deki özel materyallere katkıda bulunduklarını söylemişlerdir ve bu sitelerden y%60'ının ise bir ya da iki yönetici tarafından yönetildiği belirlenmiştir.[74] Bu istatistiklere göre, geleneksel gazete çalışanlarının, kendi çalıştıkları medya kuruluşlarının web sitelerine katkıları sınırlı düzeyde olmaktadır. Sanal haber merkezi, geleneksel medyadaki haber merkezlerindeki yönetim şemasındaki karmaşık yapıdan uzaktır. Sanal haber merkezi, editör ile web tasarımcılarından oluşan bir örgüt yapısı sergilemektedir.

Geleneksel gazete dışında çalışan e-gazeteler, haberlerini çoğunlukla haber toplayan ajanslar üzerinden abonelik sistemiyle satın alır. Bunun yanı sıra diğer birçok habere ulaşmak çok basittir ve internet erişimi yeterli olacaktır. Ancak burada en çok dikkat edilmesi gereken bu basitliktir. Çünkü internette dolaşan haberlerin tamamının doğruluğu kanıtlanmamış ve gerçekten saptırılmış olabilmektedir. Bu sebeple e-gazeteci, haber ajansı kaynaklı olmayan ve internetten edindiği haberi mutlaka doğrulamak durumundadır. Bilgi internette çok güvenilir bir kurumdan alınmış bile olsa, site sorumlusuyla irtibata geçerek bilgiyi doğrulatmakta yarar vardır, çünkü atıf kullanmak da her zaman gazeteciyi korumaya yetmeyebilir.

Gazeteci kaliteli ve doğru bilgiyi ararken bazı temel kurallara bağlı kalmaktadır. Olayın özü hangi bilginin güvenilir ve kullanılabilir olduğunun tespitinde yatmaktadır. Bir sonraki

---

[74] Gürcan et al., İnternet Haberciliğinde Sanal Yazı İşleri ve Gazetecilikte Değişen Roller, s. 9.

aşama ise bu bilginin nasıl kullanılacağının bilinmesidir. Gazeteci internet üzerinde bulduğu sitelerdeki bilgiyi bazı sorularla bir elekten geçirmeli ve daha sonra haberine veya makalesine bu kaynaklardan atıfta bulunmalıdır, çünkü onun internette bulunan kaynağa yaklaşımının aynısını okuyucuları da gazeteciye uygulayacaktır. Öncelikle e-gazeteci sitenin arkasında kimin veya hangi kuruluşun olduğuna dikkat etmelidir. İnternet sitesinin adresinin uzantısı bile bu anlamda çok büyük bir önem taşımaktadır; adresin .com, .gov, .org, .net veya .edu uzantılarıyla bitmesi dahi sitenin ciddiyeti hakkında ışık tutabilecektir. Aynı şekilde, eğer adreste tilda (~) işareti mevcutsa bu daha çok kişisel bir web sayfası olduğuna işarettir, bu durumda buradan bilgi alırken bilgiyi biraz daha sorgulamak gerektiği unutulmamalıdır. Sitenin içeriğinin en son ne zaman güncellendiği de sorgulanması gereken bir başka faktördür. Bu genelde sitelerde ana sayfada olan bir bilgidir, eğer bu bilgi yoksa bile yine de tarayıcı yazılımlarının yardımıyla bu bilgilere ulaşmak mümkündür. Bir başka kriter de sitede yazımda veya cümle yapılarında hatalar olmasıdır, eğer böyle bir durum varsa o sitenin ciddiyetinden şüphe duymakta yarar vardır. Bütün bu kriterler internetten toplanan bilginin ciddiyetini ve güvenilirliğini sorgulamak açısından önem taşımaktadır.

Özellikle internetin sosyal ve iş hayatına girmesiyle, bilgi teknolojilerinde ciddi bir değişim yaşanmıştır. Bu değişim tüketicinin davranışı üzerinde de etkili olmuştur. Bunlara bağlı olarak ekonomik açıdan şirketlerin tutum ve davranışlarında belirgin değişimler yaşanmıştır. Yeni bilgi teknolojilerinin kullanımıyla küçük şirketler, kendilerinden ekonomik olarak daha büyük olanlarla yarışabilecek duruma gelmişlerdir. Bu sayede ticari alanda demokratikleşmenin sağlanması internetin demokratikleştirici yapısını bir başka alanda ortaya koymaktadır. İnternetin nüfuz etmesi ile multimedya kavramının ileriye taşındığı yeni medya, varlığını gazetecilik, reklam, iletişim, kültür, sosyoloji, politika gibi çok çeşitli alanlarda göstermiştir.

Yeni Medya ve Etkileşimli Reklamlar Bağlamında Artırılmış Gerçeklik

Reklam, tarihsel gelişim süreci içerisinde sıklıkla tanım değiştirmiş ve kapsamı genişlemiştir. Reklam araçlarının yeni teknolojilerle artışı, ürün ve hizmet çeşitliliğinin genişlemesi, tüketici sayısındaki artış, üretim maliyetlerinin azalması gibi birçok sebep kapsamın genişlemesine ortam hazırlamıştır. Yayıncılıkta reklam unsuru reklam verenler, reklam şirketleri, halkla ilişkiler, hedef kitle ve toplumsal etkileri bağlamında farklı tanımlara sahiptir. Reklam, tüketici kitle için rasyonel seçim yapabilmesini kapsayan ikna sürecidir ve çok çeşitli tanımlara sahiptir. Bir hizmeti veya malı geniş alıcı kitlesine tanıtmak, beğendirmek ve böylece o şeyin daha çok istenmesini, alınmasını, satılmasını sağlamak için söz, yazı ve benzeri araçlarla yapılan her türlü tanıtma çabasına reklam denir. 1964 yılında Amerikan Pazarlama Birliği reklamı, reklam veren tarafından bir ürünün, hizmetin veya fikrin, bedeli ödenerek, kişisel olmayan yollarla sunumu olarak tanımlamıştır. Tanımlar ağırlıklı olarak piyasadaki ürün, marka ve hizmet çeşitliliğinin genişlemesi ve tüketiciye olan ulaşma isteğinin artması hatta yarışa dönmesi ile reklam verenlerin aygıta bağlı olarak yeni çözüm arayışlarına girilmesi, reklamların yarattığı toplumsal değişimleri gözardı etmektedir. Reklam bilgi edinme sürecidir ve bu sürecin geri kalan kısmındaki ikna çabası satış baskısının oluştuğu bölümdür. Eski tarihli ve yeni medyanın olmadığı bir dönem içinde yapılmış tanıma göre; reklam, gazete, dergi, radyo, televizyon, afiş, tabela gibi araçlar aracılığıyla çeşitli mal ve hizmetleri geniş halk kitlelerine tanıtırken bu mal ve hizmetlerin nereden, nasıl, ne fiyata alınacağı ve nasıl kullanılacağı hakkında tüketiciye bilgi veren, ona parasını en iyi şekilde değerlendirme yolunu gösterır.[75] Literatürdekilerden bazıları, reklam tarihinin ve tüketici toplumunun tarihsel çerçevesini aydınlatmanın yanı sıra, çağdaş kapitalist toplumlarda reklamcılığın düzenlenmesi veya sınırlandırılması için sosyolojik analiz, kültürel ve ideolojik eleştiri ile siyasi öneriler sunmaktadır.[76] Reklamın ikna çabası arttıkça ve tüketim, popüler kültürün bir nesnesi olduğu sürece, reklam idealler dünyası yaratan bir iletişim biçimi olarak süreklilik arz eder. Bu nedenle, eleştirel bir reklam teorisi, tüketici taleplerinin ve pazar payının yöneticisi olarak ekonomik işlevlerini, ayrıca toplumsal yeniden üretimdeki ideolojik bir güç olarak etkisini analiz etmelidir. Her iki düzeyde de, reklam, tüketici kapitalizminin yeniden üretilmesinde ve kapitalist hegemonyasının korunmasında vazgeçilmez bir güç olarak görülmelidir.[77] Gerçekten de, reklamcılık, bireylerin belirli ürünleri satın almaya teşvik etmek için kısa vadeli çabalardan, tüketici kapitalizmini bir yaşam biçimi olarak satmaya çalışan daha uzun vadeli işlevlere kadar çok yönlü sosyal işlevlere sahiptir. Reklamlar yoluyla yaratılan idealler dünyası ve sunulan vaatler, reklamın ideolojik güç aygıtı olarak kullanımı, kapitalist hegemonyanın baskılayıcı iktidarının korunması, bireylerin davranış ve dış görünüm kodlarında yaratılan değişim ve buna *trend* adı verilmesi gibi çok çeşitli süreçler reklamların tanımlamaları yapılırken gözardı edilmiş olan toplumsal değişimlere sürükleyen faktörleridir. Toplumsal değişim reklam ile izleyici/tüketici arasındaki tek taraflı mutabakatın sonucu olarak tüm bu faktörler çerçevesinde gelişir.

Toplumsal etkileri dışında değerlendirildiğinde ise; reklamın mal veya hizmete yönelik olan tanıtım ve tutundurma çabası olduğu görülür. Ancak, küreselleşmiş dünya piyasasının rekabetçi yapısı ve ürün çeşitliliği ya da benzerliği göz önünde bulundurulduğunda reklam aracılığıyla tüketici alışkanlıklarının değişti-

---

[75] Pektaş, Reklam Nedir? İşlevi ve Etkileri Nelerdir?, s. 221.

[76] Harms ve Kellner, Toward A Critical Theory Of Advertising

[77] Harms ve Kellner, a.g.e.

rilmesi ve onların yönlendirilmesi amaçlanır. Buna reklamcılar, tutundurma stratejilerinin değiştirilmesi olarak baksa da, tüketici bu noktada yeni alışkanlıklar ya da eğilimler kazanırken, reklam verenler ve reklamcılar mutlak kar elde etmeye çalışırlar. Hedef kitleye yeni tüketim biçimleri aşılama çabaları ile toplumsal değişimlere zorlamaları sonucuna bağlı olarak, reklamcılar ürünün tüketilmesi konusunda suni ihtiyaç arzı oluşturmaktadır. "Yeni", "daha güzel", "sınırsız" gibi ürüne eklenen vurgular ya da tüketicinin kendini sosyal ve kişisel açıdan iyi hissedeceğine yönelik "farklı hissedeceksin", "ilk sen de olmalı", "güvende hissedeceksin" gibi vaatlerin sıklıkla tekrarlanması tüketicinin duygularına seslenirken, tekrar unsuru ikna sürecinin tamamlanmasına yardımcı olmaktadır. Bu şekliyle reklam ikna edici bir iletişim biçimi olarak karşılanmaktadır ve tüketici pro-aktif yönelimden uzaklaşarak, tüketimin nesnesine dönüşür. İkna sürecinin geliştirilmesi ve suni ihtiyaç biçimlerinin yaratılması tecimsel yayıncılığın ortaya çıkması ve gelişmesi ile yerleşmiştir. Geleneksel medyanın kamusal yayıncılık anlayışının verdiği güven ve saygınlık duygusu, kitleler üzerinde reklam içeriğine olan güveni de desteklemiş ve tecimsel yayıncılıkta da devam etmiştir. Reklam aracılığıyla sunulan vaatler, kamusal yayıncılık ilkelerinden gelen güven sayesinde hedef kitle tarafından onaylanmaktadır. Sunulan vaatler ortak bir çabaya hizmet eder, daha çok tüketim... Geleneksel kitle iletişim araçlarının yaygın kullanımı ve reklamların kısa süreleri olmasına karşın etkin söylem biçimleri, izler kitle üzerinde, onların tutum ve davranışlarını yeni yönelimlere sürükleyecek etkiye sahiptir. Bu yönelimler konuşma ve söylem biçimlerinden, giyim tarzına, sosyal ortaklıklar kurma biçimlerinden toplum içi davranış kurallarına kadar değişikliğe uğramaktadır. Bu tavır sadece geleneksel kitle iletişim araçları ile değil yeni medya araçları ile de sağlanmaktadır.

Geleneksel kitle iletişim araçlarından yapılan reklamlar yayın süresi/satır sayısı ve yayın aracının teknik özellikleri ile izleme/okuma biçimine bağlı olarak değişiklik göstermektedir. Televizyon için hazırlanan, hareketli ve hareketsiz reklamlar, sponsorlu yapım türleri, gazete ve dergilerde yer alan basılı reklamlar, birlikte verilen broşürler, radyo yayınlarındaki spikerli ve müzikli reklamlar, sinema filmleri öncesi ve arasında yayınlanan reklamlar, posta yoluyla yapılan reklamlar ya da billboard gibi açık alan reklamları geleneksel reklam türleri arasındadır. Her yayın aracı, kitlelere erişebilirlik ve teknik farklarına göre reklam verene farklı maliyetler ortaya çıkartır. İzlenme oranı yüksek televizyon kanallarında (kablolu, uydu, öde-izle, internet tabanlı) reklam maliyeti diğer geleneksel mecralara göre daha yüksektir. Reklam vermede hedef kitlenin belirlenmesi, hedef kitleye göre yayın aracının seçilmesi ve reklam görseli ile metnin kurgulanması stratejik öneme sahiptir. Özellikle televizyon için hazırlanacak olan reklam yüksek bütçeli olabilir ve doğru strateji oluşturulmamışsa işe yaramayacaktır. Geleneksel yayın araçlarından sunulan reklamların geri dönüşü ve telafisi yoktur. Bu sebeple reklam stratejisinden, reklamın sunuşuna kadar tüm süreçler dikkatlice hazırlanmalıdır.

İnternet teknolojisinin ev kullanıcılarına ulaşması ile ortaya çıkan yeni dönem bilgi teknolojileri açısından önemli, bilginin sayısal olarak çoğaltılması ve yayılması imkânı da reklamcılar açısından yeni bir alanın keşfi olmuştur. İnternet üzerinden yayınlanan ilk reklam web sayfasının kendisidir ve bununla birlikte hareketsiz olarak kullanılan *banner reklam* (uzun çubuk/dikdörtgen) 1994 yılında Hotwired sitesinde yayınlanmıştır. Geleneksel reklam yöntemlerinden farklı olarak, tüketici, reklamla etkileşim içerisine girebilmektedir. İnternet kullanıcısı daha çok bilgi için reklama tıklayabilir ve ürünü satın alabilir. Bu sayede geleneksel kitle iletişim araçlarının yayın süresi/satır sayısı sınırlaması ortadan kalkmış olmaktadır. Öte yandan reklamveren pazara sunduğu ürün ya da hizmetini daha çok görsel malzeme ve metin ile destekleyebilir ve tanıtımını yapabilir. Bu noktada alıcı ve satıcı arasında gerekli enformasyon akışı sağlanmış olur. Reklamveren, geleneksel reklam modellerinde yaşadığı süre/satır sıkıntısı sebebiyle vermek istediği mesajı sıkıştırılmış halde ve titizlikle hazırlanmış kısa bir metin ya da görsel şovla vermek zorunda iken, internet için hazırlanan reklam sayfasında bu sınırlamayı ortadan kaldırmaktadır. Bu durum her zaman işlemeyebilir çünkü internet reklam modelleri de kendi içerisinde çeşitlenmektedir. Örneğin *arama motorlarına* verilen reklamlar da tıpkı geleneksel modellere yakın işlemektedir. Ürünün, hizmetin ya da kurumun satış stratejileri doğrultusunda anahtar kelimeler ya da kısa bir metin belirlenerek reklam verilir. *Banner reklamlar* için de aynı biçimde, dikkat çekici görsellik veya metin oluşturulmalıdır. Reklamın ilk ayağını oluşturan bannerlar ya da *hiper-metinler* mutlaka ürüne, hizmete ya da kuruma bağlantılı bir internet sayfasına yönlenmektedir. İçeriğin zengin hazırlanması ise bu aşamada önemlidir.

Kırcova ve Enginkaya'ya göre; "Tüketiciler giderek daha fazla oranda sosyal medya platformlarını tercih ediyor olsalar da, halen geleneksel medya araçları daha fazla tercih edilmektedir. Etkisi azalsa bile halen televizyon reklamlarına daha fazla yatırım yapılmaktadır. Gazete ve dergi gibi basılı yayın organları üzerinden yapılan reklamlar halen daha yüksek oranlardadır. Bunun nedeni geleneksel medya araçlarından sosyal medya araçlarına geçişin belli bir süreç içinde gerçekleşiyor olmasıdır."[78] Diğer taraftan kullanıcıların web sayfalarını ziyaret etme sıklığında verisel hatalar olma ihtimali reklamverenin titiz davranmasına sebep olmaktadır.

İnternet kullanımının hızlı biçimde yaygınlaşması ile birlikte, internet reklamları da özellikle genç kuşakların tüketim eğilimleri üzerinde büyük etkiler oluşturmaya başlamıştır. Bilgi ve iletişim teknolojileri kullanılarak sanal ortamda yapılan rek-

---

[78] Kırcova ve Enginkaya, Sosyal Medya Pazarlama, s. 26.

lam ve pazarlama, klasik reklam ve pazarlamadan farklı araç ve yöntemlerin kullanılmasına imkân sağlamaktadır. İşletmeler de dijital yayın biçimlerini ve stratejilerini kullanarak tüketiciye ulaşmanın yollarını geliştirmenin çabasına girmişlerdir. Bu sebeple sosyal medya ve benzeri dijital ortamlardaki reklam içerikleri ve süreleri konvansiyonel olana karşı daha kısa ve etkili olmak durumundadır. İnternet Reklamcılık Bürosu (Internet Advertising Bureau – IAB)'nun 2017'nin ilk yarısı için yaptığı internet reklam gelirleri raporuna göre; Amerika Birleşik Devletleri'nde internet reklamlarına harcanan ilk altı aylık toplam tutar 40.1 milyar Amerikan Dolarıdır ve 2012 yılından 2017 yılına kadar mobil internet reklamlarına yapılan harcamalarda %76.8'lik bir artış söz konusudur.[79] 2018'in ilk yarı Türkiye'deki dijital reklam yatırımları ise IAB Türkiye'nin açıkladığı rakama göre 1 milyar 213 milyon TL ye ulaşarak bir önceki yıldan %14 oranında pozitif olarak ayrışmıştır.[80] IAB Amerika Birleşik Devletleri İnternet Reklam Yatırımları Raporu'na göre ise, 2017'nin ilk yarısında 40,3 milyar dolar olan dijital reklam yatırımları, 2018'in ilk yarısında %23 artışla 49,5 milyar dolara ulaşmıştır.[81]

Etkileşim, pazar, müşteri ve işletme üçgeni arasında kullanılan yeni geçiş alanı olarak ortaya çıkmıştır. Etkileşim çok boyutlu bir yapıya sahip olup, her bir boyutu birbirinden farklı birer süreçle temsil edilmektedir.[82] Müşteri ile kurulan doğrudan ya da dolaylı iletişim şekli yeni iletişim teknolojilerinin varlığından beri yetersiz kalmaktadır ve bu sebeple etkileşim ön plana çıkmaktadır. Etkileşim müşteri beklentilerinin öğrenilmesi, anlaşılması, karşılanması ve sürdürülebilmesi açısından önemlidir.[83] Bunun önemini kavramış olan işletmeler, marka ve ürün pazarlaması

---

[79] IAB Internet Advertising Revenue Report 2016 First Six Months Results

[80] IAB Türkiye İnternet Reklam Yatırımları Raporu.

[81] IAB Amerika Birleşik Devletleri İnternet Reklam Yatırımları Raporu.

[82] Downes ve McMillan, Defining Interactivity, s. 172.

[83] Kırcova ve Enginkaya, Sosyal Medya Pazarlama, s. 3.

stratejilerini kurarken sosyal medyayı sonuna kadar etkileşim ve artırılmış gerçeklik bağlamında kullanmak için çaba göstermektedirler. Gün'e göre; "*Şirketlerin kendilerine, markaya ya da ürüne yönelik oluşturdukları sosyal medya hesapları, doğrudan müşteri ile etkileşim içerisine girebilmek içindir. Pazarlamada tutundurma çalışmaları bu sayede dijital alanda da desteklenmektedir. Müşteri ile etkileşim, işletme açısından müşteriler hakkında bilgi toplama imkanı anlamına gelmektedir. Çağımızda ayakta kalmanın ilk şartı, hızlı değişimle başedebilecek bilgiye sahip olmaktır.*"[84] Bu nedenle işletmeler karar alma sürecine girmeden önce, müşterileri ve önceden gelmiş müşteri geri bildirimlerini nitelikli okumak durumundadır. Etkileşim bu anlamda işletmeler için yeterli olmasa da, asgari düzeyde yeterli bilgiye ulaşmak demektir. Etkileşim kaynaklarından olan Facebook, Türkiye'de 26 milyonu aktif olmak üzere 39 milyondan fazla üyesi bulunmaktadır ve kullanıcıların sohbet etmek için kullandıkları sosyal medya platformlarında çok düşük bütçelerle işletmeler açısından iletişim kanalı oluşturmak ve detaylı analiz alabilmek mümkündür.[85] Sosyal medya zamanlama açısından önemli bir faktöre sahiptir; eşzamanlılık. Hazırlanan bir gönderi çok hızlı bir şekilde yayılır ve yayılırken eşzamanlı olarak çeşitli yorumlarla katlanarak büyür. Bu noktada reklam çalışması başarılı bir etkileşim çalışmasına dönüşmüş olur. Sosyal medya bu haliyle, marka iletişimi için önemli bir araç konumundadır. Etkileşim sayesinde kullanıcılar gönüllü olarak ürün ve markadan bahsetmeye başlamaktadır. Özellikle hashtag'ler aracılığıyla marka ya da ürünün kullanıcı tarafından reklamı sıklıkla yapılmaktadır.

Buradaki destekleyici etken sosyal medyanın bireyde yarattığı özenme ve özendirmeye çalışma dürtüsüdür. Bu türden viral çalışmalar şirketler tarafından bilinçli olarak başlatılır; kimi zaman sosyal mesaj nitelikli, toplumsal ya da bireysel duygulara

---

[84] Gün, Tüketiciözgürlüğü@sosyalmedyareklamlar.com, s. 84.

[85] Kırcova ve Enginkaya, Sosyal Medya Pazarlama, s. 24.

dokunacak şekilde, kimi zaman da ödül vaadiyle yapılır. Burada fikri yaratan da, benimseten de reklamverenlerdir. Kullanıcı alışageldik sosyal medya kullanımı sayesinde reklamverenin kampanyasına katılmaya gönüllü olur. Örneğin babalar gününde, babanızla ile çekeceğiniz bir fotoğrafın, markaya ait ve reklamveren tarafından belirlenmiş *hashtag*'i kullanarak ve yine reklamveren tarafından belirlenen sosyal medya platformunda kullanıcı tarafından yayınlanması gibi... Ya da hayvan hakları, kadın hakları, toplumsal cinsiyet, çocuk işçiler, doğa ve çevrenin korunması, madenciler gibi toplumu derinden yaralamış olan konular ile ilgili farkındalık yaratacak ve markayı da duyuracak viral reklamların, kullanıcılar arasında hızla paylaşılması yine etkileşimin boyutunun ne kadar büyük olduğunu göstermektedir.

Etkileşim kullanıcı bakımından nitelikli yeni bir deneyim olmaktadır. Yeni olması sürekli kendini güncel tutmasından kaynaklanır. Aynı zamanda etkileşim, solipsizm, kültürel parçalanma ve pastiş duygusunu teşvik edebilir. Nicholas Negroponte'nin "Bugün Ben" (Daily Me) olarak adlandırdığı şeydir.[86] Bir bakıma bireyin kendisini günlük hatta anlık olarak takipçilerine servis etmesidir. Özellikle sosyal medyanın kendi "*fenomenlerini*" yaratmış olması ile solipsizm ve pastiş duygusu yükseliş göstermiştir. Özellikle video paylaşım sitelerinde kullanıcılar tarafından yayınlanan vlog'lar (video günlüğü) ve salt video yayını amacı dışında kalan sosyal paylaşım uygulamalarındaki, ünlülerin ve fenomenlerin yayınladıkları içeriklerde yer alan ürünler, yeni reklam biçimlerinin ortaya çıkmasını sağlamıştır. Kullanıcıların vlog ya da diğer sosyal medya biçimlerini kullanarak yaptıkları içerik üretimleri (ticari kaygı taşıyan) bahsi geçen "Bugün Ben"lerin ileriye taşınması, güncel tutulması ve bundan kazanç elde edilebileceğinin görülmesi ile ortaya çıkmıştır. Negroponte bu yaklaşımını geleneksel gazetecilik üzerinden

---

[86] Lievrouw, Alternative and Activist New Media, s. 13.

tartışmış ve gazetelerin içerik sağlamada daha basit ve sıradan insanlar üzerinden haber üretimi yapılmasının sonucu olarak görmüştür.[87] Lievrouw, bunu Negroponte'nin distopik bir düşüncesi olarak görmüş ve henüz gerçekliğe tam anlamıyla yansımamış olduğunu[88] ileri sürse de sosyal medya pratikleri içerisinde yeni bir tür olarak uygulanmıştır. Sosyal medyada fenomenler ve ünlüler üzerinden hareket eden reklam biçimi belli bir formu olmayan, ancak sayısal yani takipçi/görüntülenme rakamlarıyla değerlendirilen bir tür olarak kendi reyting sistemini oluşturmuştur.

Günümüzde çok sayıda sosyal medya hesaplarından -sıradan ancak takipçisi zaman içerisinde artmış- ürün tanıtımının yapıldığı fotoğraf ve video yayılmaktadır. Örneğin takipçisi ve izlenme sayısı fazla olan makyaj ürünleri ile ilgili uygulama anlatan bir vlogger (video günlükçüsü), makyaj ürünleri üreticileri ya da o ürünleri satan mağaza zincirleri tarafından ücret ve/veya bedelsiz ürün karşılığında desteklenmektedir. Bu türden bir pazarlama biçimi ve tanıtım şekli konvansiyonel medyada neredeyse yapılamayacak kadar yüksek maliyetlere çıkmaktadır. Bunun yanı sıra etkileşim boyutu da yine geleneksel medyadan farklıdır. Vlogger ya da fotoğraf temelli sosyal medya fenomeni, takipçileri ile yakın –dijital dünya içerisinde- ilişkiler kurabilmektedir. Oysa konvansiyonel medya, kendi yarattığı starlarla yoluna devam eder ve onlara ulaşmak kolay değildir. Konvansiyonel olanın medyum biçimi, dijital olandan daha az seçenekli ve tek taraflı bir yayın ilkesine sahiptir. Buna dayanarak sosyal medya kullanıcısı kendi takip ettiği fenomeni ile yorum yapma, beğenme ve takibe alma yolları ile doğrudan iletişim kurabilmektedir. Her iki medya biçimi de (geleneksel ve yeni medya) izleme edimi üzerine kurulu olsa da iletişim kurma biçimlerinden dolayı farklılaşırlar.

---

[87] Negroponte, Being Digital, S.153.

[88] Lievrouw, Alternative and Activist New Media, s. 120.

Teknolojik gelişmeler yeni medyanın da her geçen gün kapsamının genişlemesine ve hareket hacminin artmasını sağlamaktadır. Web 1.0 ile başlayan internet teknolojisi, Web 2.0 ile sosyal medya kavramını ve gerçeğini getirerek yeni bir söylem alanı yaratmış kültürel, ticari ve siyasal tavır ve tutumlarda değişikliğe sebep olmuştur. İletişimin sınırlarının genişlemesi, bireyler üzerinde ortak bir dünya düzeni ve alışkanlık biçimini ortaya çıkarmıştır. Benzer faaliyet konvansiyonel medyanın küreselleşmesi ile yaşanmış olsa da, sosyal medyanın bu değişimleri yaratma, etkileme ve etkileşime girme hızına yetişememektedir. Günümüzde yaşanan ve yakın geçmişte yaşanmış olan toplumsal hareketler de (Wall Street'i İşgal Et, İspanya Öfkeliler Hareketi, Arap Baharı, Diren Nijerya vb. gibi) benzer şekilde birbirlerini etkileyerek sosyal ve siyasal taleplerin artmasına ve sanal alandan sokağa çıkılmasına ön ayak olmuştur. Ticari markalar da sosyal medyayı kullanarak küresel hegemonyalarını korumaya yönelik tutumlar geliştirmişlerdir. Ya da Barack Obama'nın seçim propagandalarında sosyal medyadan faydalanarak seçimleri kazanması. Bunun bir benzeri de Hillary Clinton'ın seçimleri kazanmasına kesin gözü ile bakılırken Donald Trump'ın ofisinin ve sosyal medya danışmanlarının, sosyal medyayı başarılı bir şekilde kullanarak seçimleri kazanmasında yaşanmıştır (bkz. Bölüm: Sosyal Medyanın Siyasi Propaganda Aracı Olarak Kullanımı). Gerçek mekânların dijital platforma adapte olması ve dijital bir evren kurulması, beraberinde dijital evrenin gerçek olana yaklaştırılması çabalarını getirmiştir.

Ağ toplumlarındaki ***Artırılmış Gerçeklik (Augmented Reality)*** de tıpkı sanal gerçeklik ilkelerine bağlı olarak kullanıcılara gündelik yaşamlarında kullanabilecekleri yeni deneyimler sunmaktadır. Dijitalleşme ile birlikte ortaya çıkmış olan dijital kül-tür, günlük medya kullanımını açıkça değiştirmektedir.[89]

---

[89] Dijk, The Network Society, s. 190.

Artırılmış gerçeklik şu anda en büyük teknoloji eğilimlerinden olmakla beraber akıllı telefonlar ve diğer mobil cihazların dünyada daha erişilebilir olmasından dolayı daha da büyümektedir. Artırılmış gerçeklik bilgisayar, konsol ve mobil oyunlar gibi alanlarda etkin olarak kullanılırken, öte yandan reklam stratejilerinde de önemli bir paya sahiptir. Dijital dünyada bir fotoğraf fiziksel bir nesneye dönüştürülür. Bunun için şirketler mobil cihazlar için kendi programlarını hazırlatmaktadır. Mobil cihazın kamerası insan gözü gibi çalışarak ürünün etiketini ya da görselini arada barkod ya da tetikleyici başka bir şey olmadan taramaktadır ve tarama işleminden hemen sonra ürün hakkında bilgiler verir. Örneğin *Bioderma* şirketi, kendi mobil uygulamasında; kamerayı ürünlerden birine gösterdiğinizde, size ürünün kullanımı hakkında bilgiler sunmaktadır. *IKEA*'nın da buna benzer şekilde, bir mobilya parçasının kullanmak istediğiniz alanınızda nasıl görüneceğini ve alanınıza ne şekilde sığacağını görmenizi sağlayan bir artırılmış gerçeklik uygulaması bulunmaktadır. Ya da artırılmış gerçeklik reklam uygulaması olan Blippar. Bu uygulama birçok büyük markanın artırılmış gerçeklik reklam çalışmalarını yürütmektedir. Örneğin, Heinz marka bir ürüne uygulamayı açıp kamerayı doğrulttuğunuzda size, firmaya ait soslardan yapılabilecek yemek tariflerinden, şirketin tarihçesine kadar birçok bilgi sunmaktadır. Bununla birlikte fast-food ve Medya şirketleri popüler çizgi karakterlerin meşrubat bardaklarından ve fast-food zincirlerindeki diğer ambalajlardan fırlamasına neden olan artırılmış gerçeklik teknolojisini kullanmışlardır ve benzer bir teknoloji uygulaması, kullanıcıların uygun QR kodu ile herhangi bir kâğıda yansıyan hologram kutularını görüntülemesine olanak tanıyan Amerika Birleşik Devletleri Posta Hizmeti tarafından daha kullanışlı bir amaçla kullanılmaktadır.[90]

---

[90] Yuen et al., Augmented Reality: An Overview and Five Directions for AR in Education, s. 124.

Şekil 1: Telebulunma (telepresence). Kaynak: Cisco, 2018.

Artırılmış gerçeklik, sanal gerçeklik ve telebulunma (telepresence)[91] arasında bir teknoloji olarak düşünülebilir. Sanal gerçeklikte çevre tamamen sentetik ve telebulunma tamamen gerçek iken, artırılmış gerçeklik kullanıcıya sanal dünyalarla zenginleştirilen gerçek dünyayı göstermektedir.[92] Artırılmış gerçeklik reklam alanında kullanılmasının yanı sıra mobil oyunlarda da uygulanmıştır. 2016 yılında piyasaya sürülen *Pokemon Go* oyunu, kullanıcılara gerçek hayatla sanal dünya arasında bağlantı kurmuştur. Kullanıcılar Pokemon çizgi film karakterlerini, cihazlarının kameraları ve navigasyonları sayesinde, kaldırımlarda, parklarda, caddelerde yani gerçek mekânların her köşesinde bulup yakalamaktadır. Bir benzeri de 2018 yılında mobil cihazlarda kullanılmak üzere tasarlanan *Jurassic World* oyunu-

[91] Telebulunma (ing. telepresence) telekonferans sunum şeklinin en gelişmiş türlerindedir. Çoklu kamera ve ekranlar vasıtasıyla, yüksek hızlı bağlantıya ve bant genişliğine ihtiyaç duyar. Ekran çözünürlükleri 1080P ve yüksek netliktedir. Telebulunma, bir kişinin varmış gibi hissetmesini, mevcut halini göstermesini veya gerçek konumundan farklı bir yerde telerobotikler yoluyla bir etkiye sahip olmasını sağlayan bir dizi teknolojiyi belirtir.

[92] Silva et al., Introduction to Augmented Reality, s. 2.

dur. Bu oyunda tıpkı Pokemon Go gibi caddelerde ve sokaklarda, cihazın navigasyon özelliğini kullanarak dinazor avlamanızı sağlamaktadır.

Bunun yanı sıra yayıncılar, futbol maçlarında oyunu göstermek ve analiz etmek için yayın sırasında izleyici ekranına artırılmış gerçekliği kullanarak çizgiler çizmektedir.

Sürekli arayış içerisinde olan reklam ve pazarlama alanları, yeni teknolojileri kullanarak müşterilerini ya da potansiyel müşterilerini etkilemenin yollarını aramaktadır. Potansiyel müşterilerin ilgisini çekme ve bunlara ilgi duyma konusunda yeni yollar arayan şirketler, kullanıcıları görünüşte alanlarını paylaşan, doğal hareketler ve el hareketleriyle keşfedilebilen ve manipüle edebilen sanal nesneler sunan çeşitli artırılmış gerçeklik uygulamaları ve "marking-up people" olarak kavramsallaştırılabilecek olan artırılmış gerçekliği destekleyen giysiler geliştirmişlerdir.[93] Google firması 2012'de artırılmış gerçekliği kullanmak üzere bir gözlük modeli geliştirmiştir. Bu sayede gerçek zamanlı etkileşim, gerçek ve sanal olanla bütünleşik bir hal alarak üç boyutlu olmuştur.

Tüm bu gelişmeler salt teknoloji buna izin veriyor diye olamamıştır. Öncelikle yeni dijital neslin yani ağ toplumu ve dijital yerlilerin teknolojiyi kullanarak ana akım medya dışına çıkarak mevcut dijital mecraları kendilerine göre evirmelerinden ve kendi sunum biçimlerini yaratmalarından kaynaklanmaktadır. Öncelikle bloglar, ardından gelen fotoğraf sosyal paylaşım platformu olan Instagram'da yapılan ve kazanç elde edilen paylaşımlar, sonrasında gelen vlog'lar dijital yerlilerin dijital dünyayı nasıl kullandıklarını göstermiş, reklam ve pazarlama alanlarına dijital yerlileri yakalamak ve stratejilerini değiştirmek konusunda yol göstermiştir.

---

[93] Yuen et al., Augmented Reality: An Overview and Five Directions for AR in Education, s. 124.

DİJİTAL KÜLTÜR VE DİJİTAL KİMLİK

Kültür (culture / cult-tura / kultur) kavramına kelime kökü olarak toprağı ekip biçmek çerçevesinden bakıldığında, iklime ve toprak yapısına, yani tüm çevresel özelliklere bağlı olduğu sonucu ortaya çıkar. Toplumlar da mevcut çevresel koşulları ve inançları çerçevesinde kültürel kimliklerini inşa ederler. Çevresel faktörlerin değişimi, kültürlenme biçimlerinde de değişikliğe sebep olur. Kültür, belirli bir toplumda yaşayan insanların dilini, sosyal yaşantısını, yeme içmesini, giyinme biçimlerini, görgü kurallarını, manevi değerlerini, hukuk sistemini, ekonomik yapısını, estetik kaygısını içine alır. Yapı içerisinde yaşanacak değişimler, kültürün de değişmesine yol açmaktadır. Kitle iletişim araçlarının çeşitlenmesi ve toplum-devlet karşısında güç kazanması, teknolojik gelişmeler, toplumsal özgürleşme ya da insan hakları düşüncelerinde yeni akımlar, toplumsal hareketler gibi değişimi simgeleyen etmenler kültür biçimlerinde değişiklik yaratmaktadır. Özellikle kitle iletişim araçlarının başat rol oynadığı toplumlarda nüvesi sabit de olsa kültür, onsekizinci yüzyıldan bu yana kitle toplumu olma yönünde hareket etmiş ve kitle kültürü denilen suni kültür biçimi ortaya çıkmıştır. Bu yüzyılda hızlanan sanayi devrimi ile birlikte kitle iletişim araçlarının kullanımının yaygınlaşması ve bu araçlara ekonomik ya da siyasi otoritelerin müdahalesi kitle kültürünün, haliyle kitle toplumunun ortaya çıkışını sağlamıştır. Bireylerin dış dünya ve toplumsal gerçekler hakkındaki birinci elden bilgi ve düşüncelerinin oranı giderek azalmaktadır. Konvansiyonel kitle iletişim araçlarının sundukları bilgiler, bireylerin zihinlerinde büyük bir görüntü oluşturmaktadır. Dolayısıyla konvansiyonel kitle iletişim araçları bireylere yalnız bilgi vermekle kalmaz, aynı zamanda doğrudan bilgilendiğimiz yaşam deneyimlerimize yön verir. Bireylerin bu deneyimleri yaşayabilme ve bunlardan yararlanabilme olanağı ise toplumsal konumuna bağlı olarak gelişir. Kitle iletişim araçları ve kitlesel üretim biçimleri yarattığı toplumsal değişimle kitle toplumu ve kitle kültürü kavramlarını ortaya çıkararak toplumsal bir realizasyon süreci başlatmıştır. Adorno ve Horkheimer'a göre, kitle kültürü insan bireyliğini tehdit etmektedir. Bireyi, edilgin bir kültür tüketicisi durumuna getiren kitle kültürü sanat, eğlence, dinlenme, boş zamanlarını değerlendirme gibi yaşam pratiklerini, birer tüketim eylemine dönüştürmektedir.[94] Adorno ve Horkheimer'a göre kültürel ürünlerin görüntüdeki farklılığı - müzik ve sanat türleri gibi- kültür endüstrisinin bir illüzyonudur ve bu illüzyon bu kültürel ürünlere sahip olanların herkesten farklı olduğu duygusuna kapılmasıdır[95] ki, bu kaçış psikolojisi yine sistemin bir parçasıdır. Modern dünyanın yaşam biçimi olarak boş zaman, herhangi bir tüketim nesnesi gibi kitlesel tüketimi arttırmak üzere tasarlanmaktadır. Kitlesel tüketimi artırmanın başat nesnesi teknolojik gelişmeler, fordist ve terhane[96] üretim biçimleridir.

Dijital kültür kavramı küreselleşme, popüler kültür, ağ toplumu, yeni medya, bilgisayar oyunları, dijital reklamlar, tüketim, gözetle(n)me ve post-modernizm ile birlikte ele alınması gereken karmaşık bir yapıdır. Çok katmanlıdır ve kendisinden önce gelen

---

94 Yavuz, Türkiye'nin Zihin Tarihi, s. 144.

95 Oskay, Tek Kişilik Haçlı Seferleri, s. 236.

96 Merdiven altı olarak da tanımlanabilen bu tarz üretim yerleri, bir işyerinde olması gereken yasal güvenlik, hijyen ve temel ihtiyaç şartlarını maliyetlerden kaçınmak adına sağlanmadığı üretim yerleridir. Çoğunlukla Üçüncü dünya ülkelerinde global şirketlerin tercih ettiği üretim şeklidir.

tüm kültür biçimlerinden yapısal ve yayılım bağlamında farklıdır. Teknik gelişiminin seviyesi ve erişimi nedeniyle siber kültür biçimindeki medya kültürü ile hiçbir şey karşılaştırılamaz.[97] Özellikle yeni medyanın kültürlenme biçimindeki yarattığı baskı, toplumsal boyutta geniş kitlelere hızlı ve etkili yayılımı bakımından önemlidir. Çok katmanlı ve karmaşık yapıyı safhalara bölmek ve parça parça incelemekte fayda var. Aksi takdirde içinden çıkılamayacak tanım karmaşası içerisine girilebilir. Öncelikle yayılım kapasitesini ele alalım. İnternet dolayımında ortaya çıkan dijital kültür, en öte emperyalist kültür biçiminden dahi daha hızlı yayılma imkanına sahiptir. En önemli kültür emperyalizmi göstergesi olan Coca-Cola dahi bugün internetin talep gördüğü ve işlevsel yanlarının sınır tanımadığı bir hale bürünmemiştir. Teknik açıdan düşük maliyetli olan ve uyumlu bir cihaza (mobil cihazlar ya da bilgisayar) ihtiyaç duyan internet, kullanıcılara teknik altyapısı gereği gerçekliği de içerisinde barındıran yeni bir dünya inşa etme olanağı sunmaktadır. Kullanıcı teknik açıdan ve internet protokollerini sağladığı andan itibaren internetin sınırsız dünyasına girebilmektedir. İnternetteki gezinti sırasında dünyanın her yerindeki bilgiye birkaç anahtar sözcük vasıtasıyla hızlıca ulaşmak mümkündür. Ayrıca ağlar ile birbirine bağlanmış olan sosyal grupların oluşturduğu sosyal ağlar, kullanıcıların birbiriyle sohbet etmesine, çeşitli paylaşımlarda bulunmasına –özel hayat dahil olmak üzere- olanak tanımaktadır. Özellikle internetin en çok sosyal ağlar çerçevesinde kullanılması siber cemaatleri ortaya çıkarmış, sosyal ağ kullanıcısı bu gruplara üye olarak kendi ile ortak dünya görüşüne sahip olanlarla fikir alışverişinde bulunma yani kamusal alan oluşumuna katkı sağlamıştır. Bu gruplar politik, çevreci, hayvan hakları, elektronik kitap paylaşımları olarak çoğaltılabilir. Özellikle içerisinde bulunulan yüzyılın konvansiyonel kitle iletişim araçlarının (ana akım medya-baskın medya-tekel medya) yaydığı tek taraflı ve suni bilgi akışına karşılık

[97] Hepp, Medyatikleşen Kültürler, s. 56.

olarak sosyal ağlardan edinilen bilgi ve üye olunan cemaatler, kullanıcıların daha özgür hissetmelerini sağlamaktadır. İnternet, tüm demokratik koşulları ve söylem/vitrin haline gelmiş yapısıyla insanları içerisine çeken ve çekmeye devam eden bir yapıya sahiptir. Günümüz ev ve endüstri teknolojilerine bakıldığı zaman hemen birçok araç ya da alet internet ile desteklenmektedir. En bilindik medyum olan televizyon dahi internet bağlantısı mümkün hale getirilecek şekilde tasarlanmakta ve izleyici televizyon kanallarında ulaşamadığı doyuma, televizyonun internet bağlantısı sayesinde Youtube ya da benzeri entegre edilmiş uygulamaları vasıtasıyla ulaşabilmektedir. Oysa uzun yıllar içerisinde televizyon izleyiciyi pasif olarak konumlandıran ve kendisine müdahaleyi olanaksız hale getiren bir araç olarak kullanılmıştır. İzleyici yayınlar içerisinden kendine uygun olan ya da o yayın saatinde ne varsa onu izlemek durumunda kalmıştır. Ancak günümüzde HBO ve Netflix şirketlerine ait yapımlarda kullanılan *Büyük Veri* sayesinde izleyici profiline göre içerik üretilmekte ve yayın saati olmaksızın, *Seç-İzle* özelliği ile izleyici, istediği içeriği seçme özgürlüğüne sahip olmuştur. Büyük Veri kurumsallaşmış bir izleyici veritabanı özelliğine sahiptir ve izleyiciyi, geleneksel kitle iletişim araçlarının gördüğünden daha fazla meta ve tüketim nesnesi olarak görmektedir. İzleyici kendi beğenisine hitap eden dizi ya da film içeriğini seçmede özgür olarak görürken, bu özgürlüğün karşılığında tüketim nesnesi haline dönüştürülmektedir.

İnternetin günümüz yaşam biçimindeki ve tüketim alışkanlıklarını yönlendirmedeki başat rolünü alışveriş etkinliklerinde de görmek mümkündür. E-ticaret sayesinde giyim perakendecilerinin web sitelerinden giysi almak ve gerektiğinde iade etmek alışkanlığı toplumlara genel olarak yayılmış durumdadır. Bu sadece giyim için değil her türlü tüketim ürünü (teknoloji, kitap, kişisel bakım ürünü gibi...) için geçerlidir. Özellikle mağaza maliyetlerinin olamaması sebebiyle internete özel sunulan indirimler (şirket satış politikalarına bağlı olarak değişiklik gösterebilir) hedef kitleyi daha fazla çekmektedir. Bu yeni alışveriş pratiği tüketim kültürünün de internet ile birlikte biçim değiştirmesine neden olmuştur.

Küreselleşmenin dünya uluslarını ve kültürlerini birbirlerine bağlı/bağımlı hale getirdiğine inan görüşler; ulusötesi bir düzende ekonomi, iletişim, kültür ve politikanın kaynaştığı bir dünya "sistemi" içinde, yeni bir dünya kültürünün oluştuğunu ileri sürer.[98] Küreselleşme ile ortaya çıkan ortak kültür biçimi olan, her türlü denetime ve yönlendirmeye olanak sağlayan popüler kültüre dayalı yaşam formu, bireyin rasyonellikten uzaklaşmasına, dayatılan –ama özgür irade gibi gözüken- tüketim pratiklerine yönelmesine sebep olmuştur. Bu yaşam formu içerisinde yer alan ve tüketim nesnesine dönüşmüş, popüler kültüre dayalı ve rasyonel düşünceden uzaklaşmış siyasal düşünce biçimleri de şova dayalı etkileme biçimi olarak toplumlara nüfuz etmiştir. Sosyal yaşantıdan, iş yaşamına hatta siyasal yaşantıya kadar nüfuz etmiş olan küreselleşme fikri ve gerçeği sadece bireyi rasyonellikten uzaklaştırmakla kalmaz, Harvey'in ortaya attığı "zaman/mekan sıkışması"na da sebep olur. Bireye dayatılan tüketim ürünleri, siyasal akıl, telekomünikasyondaki teknolojik gelişmeler ve modern yaşam biçimi ya da yeni iletişim ve taşıma teknolojileri ile McLuhan'ın ortaya attığı kavram olan "Global Köy" gibi parametreler, insanlık durumunun süregiden çok yönlü dönüşümüdür.[99] Harvey'e göre; global kapitalist politika, yeni iletişim teknolojilerini de kullanarak bir yandan tüm hızıyla mekânı dönüştürürken, öte yandan ortadan kaldırmaktadır.[100] Bu parametreler modern ve gerçek mekânlarda yaşanan ortak kültürlerin özet metni olarak bireylerin yaşamına girmiştir. Siberme-

---

[98] Lewis, As cited in. Türkoğlu, Şeytan'ın Akordeonu ve Sazı: Medyada Bolluklar ve Boşluklar, s. 3.

[99] Bauman, Küreselleşme, s. 8.

[100] Harvey, Justice, Nature and The Geography of Difference, s. 246.

kanda yaşanan ortak kültür yine aynı parametrelere sahip ancak içerisinde bedenlerden yoksun bir duruma işaret etmektedir. Özellikle dijital kültürün oluşmasında, dijital kimliklinin vitrini ve onu süsleme çabası ön plana çıkmaktadır. Sanaldaki birey için onun gerçek dünyadaki halinden daha avantajlı kılan şey, kullanılan platformun özelliklerine bağlı olarak bedensel görsellikten uzak oluşu ve önyargılardan bağımsızlığıdır. Doğrudan iletişimde mümkün olmayan kimlik oyunlarının, internetin anonimliğinden faydalanarak, çevrimiçi kimlikler yardımıyla geliştirilmesi muhtemeldir.[101] Geliştirilen dijital kimlik, izleyicileri tarafından bireyin gerçekliğinin yanılsaması olarak algılanmaktadır. Bu yanılsama geleneksel kitle iletişim araçlarından gazeteden beri var olan ve en bilindik medyum televizyon aracılığıyla da yerleşmiş bir illüzyondur. Medyatik kamusal alanda yaşananlar izler kitle ya da sıradan vatandaş için ilgi çekici ve özenilen bir alan olmuştur. Mobil cihazların sosyal ağlarla olan entegrasyonu sayesinde yayın aracına dönmesi ile birlikte, medyatik kamusal alanın izleyicisi konumunda olan bireyler kendi yayınlarını yapabilir hale gelmiştir. Anlık yayına olanak kılan sosyal ağlar üzerinden tanınmamış kişilerin yaptığı yayınlar da izlenme konusunda medyatik kişilerin neredeyse önüne geçmiştir. Gündelik yaşamlarını daha önceleri bloglara (internet günlükleri) yazma alışkanlığı, gündelik yaşamlarının video kayıtlarının yapılıp sosyal ağlara atılması olarak şekil değiştirmiştir. Birey bu teknolojik altyapıya sahip olması ile birlikte medyatik kamusal alanı tanınmış kişilerle paylaşmaktadır. Medyatik kamusal alanın özendirici dünyası ve yayınlanan videolardan para kazanabilme durumu, bireyleri dijital kimlikler edinmeye teşvik etmektedir. Sosyal ağlardan olan Instagram'ın keşfet duvarı da tanınmış kişileri, sıradan bireylerle yan yana getirerek, bireylerin daha çok paylaşım yapmasına ve medyatik kamusal alana girebileceği ümidini vermektedir. Nasıl ki medyatik kamusal alandaki tanın-

[101] Hepp, Medyatikleşen Kültürler, s. 57.

mış bireyin ekrandan yansıdığı haliyle gerçek yaşamı arasında farklılıklar olabilirse, aynı şekilde sanal medyatik kamusal alana sosyal ağlarda oluşturduğu dijital kimliği ile girmeye çabalayan birey de dijital kimliğinden sıyrılıp gerçek dünyadaki kimliğine döndüğünde farklılaşacaktır. Sosyal ağlar bu anlamda sadece dijital sosyalleşmenin de ötesine geçmiş, dijital kimliklerin vitrini haline gelmiştir. Çoğu sosyolojik ve sosyal psikolojik yaklaşımlar bireysel kimliklerin toplumsal karakterinin, ilişkide oldukları toplumsal ilişkiler çeşitliliğinde oluştuğunu ve biçimlendiğini düşünürler.[102] Bireyin benliğinden farklı olarak nesneleşen dijital kimlikler de, hem zamanın ve mekânın gerçek bağlamından koparak söylemsel göstergeye dönüşmektedir, hem de diğer dijital kimliklerin sahip olduğu vitrin sayesinde birbirlerini güçlendirmektedir.

Yeni oluşan bu deneyimi yani yayın yoluyla dijital kimliğini güçlendirme çabasını ortaya çıkaran dijital kültür, yazılımcıların ve internete öncülük edenlerin üretim kültürüdür. Sosyal ağların teknolojik seyrine bakıldığında her yeni eklenti ile dijital kültürün de tıpkı dijital kimlikler gibi kendisini güçlendirdiği görülebilir. Sosyal medya üzerinden yaşanılan ilişkiler, selfie (özçekim) fotoğraflar, canlı ya da kayıttan yayınlar gibi... Yazılımcılar ve öncüler, dijital kültürü güçlendirirken, dijital kimlikler de çok hızlı bir şekilde yeniye adapte olup, onu kimliğini güçlendirmek için kullanmaktadır. Böylelikle dijital kültür, bireyin dijital kimliğini etkiler, dijital kimlik ise gerçek olanla, sanal olan arasında yaşanacak paradoks ile bireysel kimliğini etkiler. Dijital kimliği güçlendirmek için gösterilen gerçek mekândaki çabalar –selfie (özçekim) gibi- toplumsal kimliği de etkileyebilir. Bu şekilde sosyal ağlar için üretilmiş olan dijital kültür küreselleşir ve homojenleşir. Ortaya çıkan birey, kültür endüstrisinin sürekli yeniden ürettiği sahte bir bireydir.[103] Kültür endüstrisinin

[102] Larrain, İdeoloji ve Kültürel Kimlik Üçüncü Dünya Gerçeği, s. 203.

[103] Yetişkin, Sosyal Medya ve Sıradanlaşan Gözetim, s. 31.

geleneksel kitle iletişim araçlarını kullanarak ortak bir kültür yayma çabasında olduğu gibi dijital kültür de içinde barındırdığı formların yayılmasına internet sayesinde olanak sağlar.

Sosyal ağlar bu haliyle çeşitli söylem alanları ortaya çıkarmıştır-ki sanal medyatik kamusal alan bunlardan biridir-. Söylem alanları ise iletişim sisteminde önemli değişiklikler yapmıştır. Oluşan bu yeni alan ise artık medyatik kamusal alan değil, medyatik siber dünyadır. Hepp, medyatikleşen dünyanın diğer (aygıt ve makine gibi fiziksel varlığı olan) gerekli teknolojilere, diğer davranış biçimleriyle, belli bir yer ve kurumlarla kesişmesi ile ortaya çıktığı düşüncesindedir.[104] Bu dünya sibermekandaki çok sayıda oluşmuş dünyalardan sadece biridir. Gündelik yaşamda yani gerçek dünyada tanınırlığı olmayan bireyler sibermekandaki medyatik dünyada yüzbinlerce takipçiye sahip olabilir. Sosyal ağlar ise bu dünyaya hizmet eden ve takipçisi fazla olan kişilerin videolarına reklam alarak hem kendi kazançlarını artırır, hem de yayın yapan kişilere kazanç sağlar. Dijital dünya da takipçi sayısının ön plana çıkması ile kendi yıldızlarını yaratır ve kimi zaman sanal medyatik alanda oluşan yıldızlar gerçek dünyaya geçiş yapar. Örneğin Enes Batur karakterinin kendi dijital dünyasından çıkıp sinemada yer alması ya da Kim Kardashian'ın sosyal medya ile ünlenerek, geleneksel medyada ünlenmiş bir Rap şarkıcısı Kanye West ile bu ününü geleneksel medyaya taşıması gibi…

Dijital kültür tıpkı mevcut baskın kültür olan popüler kültür gibi sürekli değişimin etkisi altındadır. Bu değişim dijital dünyanın sermayesinin sürdürülebilirliği açısından gereklidir. Sürdürülebilirlik adına her kısa dönemde sosyal medya kendi fenomenlerini yaratır ve bu fenomenler diğer dijital kimlikler için kılavuz görevi görür. Dijital kültür üreticileri özendirme ve popüler bir davranış biçimi olan ihtiyaç illüzyonu ile benimsettiği

---

[104] Hepp, Medyatikleşen Kültürler, s. 57.

dijital pratikler, popüler kültür ürünlerinin yayılmasını ve sahiplendirilmesini sağlar. Aradaki en önemli fark somut ve soyutluktur. Dijital dönüşüm ve gerçek dünya arasındaki bireyin kendisini sunumu ve davranış modelleri geliştirmesi gibi... Davranış biçimleri, kültür endüstrisi tarafından dijital dünyanın kodları kullanılarak üretilir. Gerçek mekânlarda bireyin sergilemeyeceği ya da özendiği davranış biçimleri ve söylemleri siber mekânlarda gerçekleşir. Bu anlamda anonimlik araçsallaşır. Goffman'ın gerçek dünya öngörüsünde; insanlar için başkalarının onları nasıl algıladığı çok önemlidir ve başkalarının gözünde hoşa giden ve uygun olan bir imaj yaratmak için belli kimlikler sahiplenirler.[105] Sosyal ağlarda açılan hesapların temsil ettiği kimlikler, bireyin gerçek yaşamı için inşa ettiği kimlikten farklılaşabilir. Bunun en temel sebebi mekânsal ve iletişimsel farklılıktır.

Dijital kültürün yaydığı sadece davranış ve kullanım biçimleri değildir. Bireylerin ihtiyaçlarının da kendileri tarafından üretilmesini (DIY-Do It Yourself / Kendin Yap) destekler. Web sayfalarında, Youtube kanallarında ve diğer sosyal ağlarda (iş ağları dışında) makyaj uygulamalarından, ev eşyası üretimine, hobi ürünlerinden, tamirat işlerine kadar birçok alanda kendin yap video ve görselleri bulunmaktadır. Tüketim toplumunun yeni ve en hızlı kuşağı olmasına rağmen özellikle kendi ev üretimlerini kullanma pratiğini edinmiş dijital yerlilerin ve Y-Z kuşaklarının hem tekelci kapitalizmin dayatmalarına uyum sağladığını hem de bunun dışına çıkma çabası olduğunu görmekteyiz. Her ne kadar kendi içerisinde çeşitlilik gösterse de popüler kültür ya da kitle kültüründe yaratılmak istenen ortak kodlarla algılama ve davranma dijital kültür içinde geçerli bir olgudur. İnternet artık global kapitalizmin dinamiklerinde entegre bir unsur haline gelmiştir.[106] Dijital kültürün teknolojik ürünlerle çeşitlenmiş

---

[105] Yetişkin, Sosyal Medya ve Sıradanlaşan Gözetim, s. 39.

[106] Dahlgren, Internet, Public Spheres, and Political Communication, s. 151.

olması her platform farklılığında başka bir kültürün izlerinin aranacağı ya da her birine farklı kültür isimleri verileceği gibi bir koşul olmayabilir. Bir kültürde ortak karakteristik noktaların bulunması gibi bir ön şart aranmaması gerektiği önemlidir, çünkü o kültür içinde yer alan tüm bireylerin benzer şekilde davrandığı ya da hareket ettiği, ortaya çıkan bir dizi uygulamanın daha önce ortaya çıkmış olanlardan doğrusal bir ilerleme ya da gelişme göstermesi anlamına gelmez.[107]

Dijital kültür içerisinde dallanan oyun konsollarının, simülasyonların ve sosyal ağların her biri mikro ölçekte farklı kültürel kodlara sahip olsa da makro düzeyde aralarında derin ortaklıklar barındırır. İnsanların dijital kültüre ilişkin eylem ve davranışlarının, (yeni) medyanın rolünü anlamak ve incelemek için kullanabilecekleri başlıca bileşenlerle özetlenebilir; İnsanlar ve teknolojiler.[108] İnsanlar teknoloji ile (iletişim teknolojileri) ne yapar ve iletişim teknolojileri insanların onunla neler yapmasını ister? Daha önce de bahsedildiği gibi iletişim teknolojileri üreticileri onu kullanan insanların davranışlarını açık biçimde yönlendirir. Yeni davranış biçimleri üretilir ve bu davranış biçimleri dijital kültürü güçlendirir. Davranış biçimlerinin yeni kodları ve edinilmiş alışkanlıklar olarak parçalanmış, düzenlenmiş, bağlantılı ve ağa bağlı bir dünya görüşünün ortaya çıkışı, internet ve diğer bilgisayarlı uygulamalara erişim ve bunların artan kullanımı, dijital kültürün hızlandırıcıları veya yükselticileri olarak işlev gördüğü için, dijital kültürün bir parçasıdır.[109]

Deuze, dijital kültürün temel unsurlarını, birbirleriyle ifade edilmiş olarak görülecek üç kavrama sıkıştırmıştır: katılım, iyileştirme ve brikolaj.[110] Batılı çoğulcu demokrasilerde vatandaş

---

[107] Deuze, Participation, Remediation, Bricolage: Considering Principal Components of a Digital Culture, s. 70.

[108] Deuze, a.g.e, s. 70.

[109] Deuze, a.g.e, s. 71.

[110] Deuze, a.g.e, s. 72.

kimliği pasif bilgilendirmeyle, hak temelli vatandaşlıktan, gözlemci ve gönüllü vatandaşlık anlayışına doğru kayma eğilimi göstermektedir. Yirminci yüzyıl ortalarından yirmibirinci yüzyılın başlarına kadar olan süreçteki bu değişim, endişelerini dile getirmek ve toplumdaki yerlerini talep edebilmek için giderek daha istekli hale gelen bir vatandaş kavramını ortaya çıkarmıştır. Bu taleplere karşılık gelebilmesi amacıyla *Glokal/Glocal – Küyerel*[111] kavramı geliştirilmiştir. Wellman, yirminci yüzyılda, "glokalizasyonu", "yoğun yerel ve kapsamlı küresel etkileşimin kombinasyonu" olarak tanımlayan işyerinde ve toplulukta gruptan glokale dayalı ilişkilere işaret ediyor ve glokale dayalı ilişkiler bireylerin iletişim ağları sayesinde mesafeleri ortadan kaldırmasına imkân tanımaktadır. Halen gelişmekte olan dijital kültürün temel unsurlarından olan katılım, özellikle DIY (Do-It-Yourself- kendin yap) kültüründe kök salmaktadır. Bunun yanı sıra internet ve onun özelindeki sosyal ağlar bireylerin katılımını sağlayacak şekilde dizayn edilmiştir. Haber medyası tarafından yayılan haberler sosyal ağların katılım gücü ile iyileştirmeye uğramaktadır. Dijital kültüre göre iyileştirme, belki de meşruiyeti ve güvenilirliği sistemin karşısında veya dışında çalışan kendi tanımına atfetmek ve sistemin içinden reform yapmak anlamına gelmekle birlikte sisteme derinden gömülmek demektir.

Brikolaj, malzemelerin bir problemi çözmek için başka bir amaçla kullanmaya uygun hale getirildiği ve yeniden düzenlendiği heterojen malzemelerden ve araçlardan oluşan bir koleksiyonla uğraşmak anlamına gelmektedir. Brikolaj çalışmasında sonuçta ne olacağını açık olarak bilmeye gerek yoktur. Proje ve bileşenleri zamanla şekillenir. Brikolaj zaman içinde biriktirilen araçları ve çalışmaları kapsamaktadır. Belli bir amaca yönelik olmaksızın herhangi bir zamanda toplanan, sadece bir gün lazım

---

[111] Tanım gereği "hem yerel hem de küresel düşünceleri yansıtmaktadır. Çağdaş sosyal, politik ve ekonomik sistemlerde hem evrenselleştirici hem de özelleştirme eğilimlerinin eşzamanlı olarak ortaya çıkmasıdır.

olur diye alınan malzemeler ve başka projelerin çıktıları, ürünleri veya "projelerden arta kalanlar" brikolaj için kullanılabilir. Tipik brikolaj ortamı sürekli yeniden düzenlemeyi içermektedir: Brikolaj araçları ve çalışmaları sadece kullanımla sınırlı değildir, ayrıca bu malzemeleri ve araçları birbirine uydurmak ve kullanmak için uzmanlık da gerekmemektedir.

Dijital kültürün bir diğer bileşeni olan *iyileştirme* kavramı yeni medyanın her yeni aracıyla eski medyayı yenilemesi- bir anlamda iyileştirmesi- hatta eski medyayı tekrar üretmesi söz konusu olur.[112] Bir diğer özellik olan *katılım*, özellikle web 2.0 ile başlayan sosyal medya platformlarının çoğalması, her birinin kullanım ve amaç farklılıklarının ortaya çıkması ile artış göstermiştir. Katılım kendi içerisinde çok çeşitli biçimlerde ele alınabilir. Kendini göstermek ya da düşünceyi desteklemek amacıyla sağlanan katılım ama özünde *ben de varım* olgusunun ortaya çıkması birer katılım biçimidir.

Dijital kültür teknolojik olarak belirlenmiş ve denetim altında tutularak gözetilen etkileşim ilişkileri sayesinde birbirini izlemenin ve takip etmenin giderek norm sayılmasına ve sıradanlaşmasına yol açmaktadır.[113] Dijital kültürün sürdürülebilirlik adına kendi fenomenlerini yarattığından bahsedilmişti. Norm halini almış olan takip etme pratiklerinden biri bu fenomenler üzerinden sağlanır. Fenomenler tasarlanmış olan sanal dünyanın kültür taşıyıcıları olarak kodlanır ve takipçi üzerinde özenme baskısı yaratır. Bu baskı özgüven ile orantılı olarak bireyin internet fenomeni olma ya da ona benzeme çabası üzerinde de etkili olur. Bu özendirici dünyanın en bariz kurgusu Instagram'da sağlanmıştır. Kullanıcıların tümünün yer aldığı keşfet duvarı Instagram fenomenleri ya da tanınmış bireyler ile sıradan bireyin yan yana fotoğraflarının rastgele yerleşimi, hem sıradan kullanı-

---

[112] Karakulakoğlu, Sosyal Medyanın Karanlık Yüzü, s. 34.

[113] Yetişkin, Sosyal Medya ve Sıradanlaşan Gözetim, s. 21.

cının uygulamaya olan bağımlılığını arttırır, hem de sıradan bireyin kendisini *Instagram* fenomeni ya da ünlü bireyle eş değerde görmesini sağlar.

Toplumsallaşma ve sosyal düzenin belirleyici faktörü o toplumun sahip olduğu ortak kültürdür. Sanayileşme ve arkasından gelen yüzyıllar içerisindeki teknolojik gelişmeler kültür üzerinde hissedilir değişimlere sebep olmuş, toplumların yaşayış düzenini temelinden sarsmıştır. Kitle kültürüne ve ardından popüler kültüre geçiş ile dayatılmış ve özendirilmiş kurmaca bir yaşantı içerisinde kendisini bulan birey, yaratılan rıza ile kültürel formları değişimine tanıklık etmiştir. Nasıl ki sanayileşme ve kitlesel üretim beraberinde kitle kültürünü, markalaşma ve özendirme popüler kültürü getirdiyse, teknolojik gelişmeler ve dijitalleşme de beraberinde dijital kültürü getirmiştir. Dijital kültür özellikle yapaylığı bağlamında gerçekten kopuşu ve hakikatin önemsizleştirilmesi (post-truth) konusunda gerçek üstü bir dünyanın kültürünü temsil etmektedir. Dijital dünyanın yapaylığı içerisinde hakikatin önemsizleşmesi ile toplum görüşlerinin oluşmasında, duyguların ve kişisel inançların hakikatin önüne geçmesi gerçeği ortaya çıkmıştır. Hakikatin önemsizleşmesi birey kimliği ve sosyal kimliğe de sirayet ederek kimliği dijital olanla takas edilmesini sıradanlaştırmıştır. Böylece birey, gerçek dünyada yetiştiği çevrenin kültür kodlarına bağlı olarak inşa ettiği sosyal kimliğini, dijital çağda inşa ettiği dijital sosyal kimlikle değiştirmektedir. Oysa klasik sosyal kimlik kuramına göre, kimlik, kişinin doğumundan, ölümüne kadar geçirdiği yaşam sürecinde, bünyesinde örgütlediği etkinlikleri bağlamında edindiği tüm özellikleri ve niteliklerinin bütününü oluşturmaktadır.

Mikro düzeyde inşa edilmiş olan dijital kimlikler toplam kültürü etkileyecek boyuta ulaşmaktadır. Bireylerin sanal dünyada inşa ettikleri dijital kimlikleri, gerçek yaşama etki etmesi ve diğer bireyleri de etkilemesi yayılımcı bir etki sağlayarak kültür üzerinde ciddi değişimlere sebep olmuştur. Bu bakımdan bireyin gerçek yaşamdaki kimliğini, inşa edilen dijital kimlik dönüşüme uğratmış ve makro ölçekte ise gerçek yaşamın kültürüne de yaratılan dijital ortak kültür yön vermektedir.

Sosyal bilimlerde birçok yazar tarafından kimlik türleri üzerinde çeşitli modeller üretilmiştir. Bu modeller temelinde kişisel ve sosyal kimlik ayrımını kabul edilmişse de, yaşanılan çevreye, dinsel ve etnik farklılıklara, kültüre vb. gibi çok çeşitli göstergelere bağlı olarak kimlikte tür ayrımına gitmek mümkündür. Sosyal kimlik, kişisel kimlik, etnik kimlik, kültürel kimlik, ulusal kimlik ve toplumsal cinsiyet gibi birçok kimlik türünden bahsedilmiştir. Bunun yanı sıra 1970'lere dayanan "*Sosyal Kimlik Kuramı*" ile Henri Tajfel ve John C. Turner ile arkadaşları ilk kimlik kuramcıları olarak, insan benliğinin sosyal kimlik ve kişisel kimlik olarak iki alt kategoriye ayrıldığını söylemiştir. Sosyal kimlik bireyin aidiyeti ile ilgilidir. Kişisel kimlik ise bireyin beceri duygusu, bedensel özellikleri, başkalarıyla iletişim kurma yolları, psikolojik özellikler, düşünsel kaygılar, kişisel zevkler gibi spesifik özelliklerini ifade etmektedir.[114] Sosyal Kimlik Kuramı'nın temel varsayımlarına göre; üyesi olunan sosyal grubun özellikleri ve yapısına bağlı olarak, birey kimliğini tanımlar ve yapılandırır Bu sayede birey sosyal grubuyla özdeşleşme sağlar. Özdeşleşme ile birlikte sosyal kimlik oluşur. Öte yandan sosyal çevredeki diğer grupların varlığı ve tanınması sayesinde, birey, ait olduğu grubu konumlandırması ve karşılaştırılması açısından bir dayanak noktası oluşturur. Benzeri diğer gruplarla yapılan sosyal karşılaştırma sonucu üyesi olunan grubun konumu belirlenir.[115] İnsanlar bu sosyal karşılaştırmayı olumlu bir sosyal kimlik kazanmak ve özgüvenlerini artırmak için yaparlar ve bu esnada diğer grubu küçümsemeye yönelimli bir yanlılık tavrı geliştirirler. Bireyin sosyal kimliğinin, olumlu

[114] Varol, Temsil, İdeoloji, Kimlik, s. 148.

[115] Turner, Social Comparison and Social Identity: Some Prospects for Intergroup Behaviour, s. 30.

olup olmaması üyesi olduğu grubun öznel konumuna, yapısına bağlıdır.[116] [117] Bu sayede Sosyal Kimlik Kuramı sosyal sınıflandırma, sosyal kimlik ve sosyal karşılaştırma şeklinde grup içi / grup dışı zihniyeti yaratan üç sürece ayrılmış olur. Bunlardan ilki *kategorizasyondur*. Bu süreç tıpkı nesneleri anlamak ve tanımlamak için kategorilere ayırmaya benzer. Benzer şekilde sosyal çevreyi anlamak için insanları (kendimiz de dahil olmak üzere) sınıflandırırız. Siyah, beyaz, Hintli, Hristiyan, Müslüman, Budist, asker, öğretmen ve muhasebeci gibi sosyal kategorilerden faydalanılır. Bu kategoriye ayırma işlemi birey hakkında bir şeyler söyler. İkinci aşamada, sosyal kimliklendirme ile kendimizi ait olduğumuz şekilde sınıflandırdığımız grubun *kimliğini benimseriz*. Bir grupla özdeşleşmek, duygusal düzeyde bir öneme sahip olacak ve bireyin özgüvenini grup üyeliğine bağlı hale getirecektir. Son süreç *sosyal karşılaştırmadır*. Birey kendisini bir grubun parçası olarak sınıflandırıp, o grupla özdeşleştikten sonra, o grubu diğer gruplarla karşılaştırmaya meyillidir. Benlik saygısını korumak adına, birey, üyesi olunan grubun diğer gruplarla olumlu şekilde karşılaştırılması eğilimi içerisindedir.

Sosyal Kimlik Kuramı, sosyal kimlikle bireysel kimlik arasında yapmış olduğu ayrım konusunda eleştiriler almaktadır. Bazı araştırmacılar kimliğin sosyal ve kişisel boyutunun ayrılmayacağı kanısına karşın bazıları da böyle bir ayrımın olmaması, analiz zorluğu yaratacağı kanısındadır.

Benzer bir başka görüşü Erving Goffman tartışmıştır. Ona göre, birey, topluma iki temel sosyal bağ ile bağlıdır: üyelik yoluyla topluluklara ve sosyal ilişkiler vasıtasıyla da diğer bireylere.[118] Bu açıklama Goffman'ın antropolojik görüşünün temelini oluşturmaktadır. Goffman'ın sosyolojik görüşüne göre ise; sosyal

---

[116] Condor, Social Stereotypes and Social Identity, s. 245.

[117] Turner ve Brown, Social Status, Cognitive Alternatives, and Intergroup Relations, s. 260.

[118] Goffman, Relations in Public: Microstudies of the Public Order, s. 188.

kimlik bireyin çevresine sunduğu süslenmiş ve üzerinde çalışılmış kamusal kimliğidir. Bununla birlikte sosyal kimlikle, yaş, cinsiyet, sınıf, askeri birlik vb. kişinin ait olabileceği ve ait gözükebileceği genel kategoriler ve/veya kategoriler gibi işlev gören örgütlenmeler ve grupları kastetmiştir.[119] Kişisel kimliği ise bireyin başkalarının bilmesini istemediği ve bilinmesi durumunda sosyal kimliğini zedeleyebilecek ihtimali olan gizli özellikleridir.[120] Kişisel kimlik katmansız, çıplak, yalın ve bireyin sıkı sıkıya bağlı olduğu inanç sisteminin bir ürünüdür. Sosyal kimliğin katmanı ise; sosyal statü, gelir, aile kökleri ve bağlı olduğu cemaatin koşulları tarafından inşa edilmiştir. Bu anlamda hem kişisel kimlik hem de sosyal kimlik bireyin kendi etrafında örgütlediği birikimlerden ve davranış kodları ya da bunların sonucundan oluşmaktadır. Her iki kimlik türü de akışkan yapısıyla değişim ve dönüşüm içerisindedir.

En geniş anlamıyla kimlik, Aşkın'a göre, "bireyin tüm özelliklerini kapsar; hem kişinin kendisini nasıl gördüğü, hem de toplum tarafından nasıl görüldüğü, kimlik kavramıyla ilgili konulardır".[121] Bu görüş tıpkı Goffman'ın sosyolojik görüşünde olduğu ya da Negroponte'nin de *bugün ben* ifadesiyle üzerinde durduğu gibi bireyin sosyal kimlikle ne yaptığı ile ilgilidir. Birey kişisel kimliğini yaşam koşulları ve kökleri ile kısmen kendi kontrolü dışında inşa ederken ya da yapılandırırken; sosyal kimliği tamamen kendi tercihleri ve kişisel kimliğinde gördüğü eksikleri çerçevesinde inşa eder.

Hegel'e göre ise, kimliğin farklılık işlevi mutlaktır; diğer veya farklı olanla ilişkisi dışsal veya tesadüfi değil, kimliğe özgüdür.[122] Hegel'in Phenomenology of Spirit'i, onun kimlik görüşlerini inceler. Elde edilen ilk bilginin anında olduğunu ve

---

[119] Goffman, Relations in Public: Microstudies of the Public Order, s. 189.

[120] Varol, Temsil, İdeoloji, Kimlik, s. 154.

[121] Aşkın, Kimlik ve Giydirilmiş Kimlikler, s. 213.

[122] Hegel, The Phenomenology of Spirit.

dolayısıyla kimliğini açıklama girişiminin de anında olduğunu tespit eder. Bireyin sahip olduğu görsellik ve onun köklerine ya da mesleğine dair ipuçları anındalıkla tanımlanır ve bu tahminler duyular yoluyla gerçekleşir. *Duyusal kesinlik*'i duyusal deneyimlerden gelen gerçek his olarak tanımlar. Hegel'in görüşüne göre, duyu-kesinliği, en kesin bilgi edinme biçimi gibi görünmektedir, çünkü bireye en doğru gerçeği sağlar. Hegel ayrıca, bilincin bir kısmı için, yalnızca saf bir *Ben* tanımı kullanmaktadır, yani kendini bilinçleme yeteneğinin, kendini tanımanın en saf şekli olduğu anlamına gelir. Kendinizi tanıdığınızda, nitelikleri kendinize ekleyebilirsiniz. Etrafınızdaki dünyayı öğrendiğinizde, çevredeki nesneler de kendinizi tanıyarak ilk öğrendiğiniz nitelikleri içerebilir. Toplumsal yapı üzerindeki değişim ve dönüşümler, doğrudan cemaatleri ve aynı doğrusallıkla bireyin sosyal kimliği üzerinde derin değişimlere zemin hazırlamaktadır. Birey üyesi olduğu ve değişim içerisindeki sosyal grubuna uyum sağlamak için sosyal kimliğini diğer üyelerle birlikte değişime zorlamak durumundadır, aksi durumda birey grubundan kendini uzaklaşmış hissedecektir. Sosyal kimlik sadece grubun özelliklerine bağlı davranış kodlarına indirgenemeyecek kadar dar bir kalıpta değildir.

Yeni etkileşimli alanlar kimlik inşası için uygun bir saha oluşturmuştur. Sanal ortamlar, bireylerin diğerleriyle özdeşleşebileceği ve başkalarıyla etkileşime girebileceği, kendi *dijital hikayelerini* yaratabileceği ve yeni bilgi çağı becerileri kazanabileceği alanlardır. Özellikle yeni medyanın bu etkileşimli yapısı bireylerde özenmeye ve bu yolla kitle üretiminin de işini kolaylaştıracak stratejilere ortam hazırlamaktadır. Birey gerçek yaşantıda kuramadığı sosyal ilişki türlerini, dijital olarak yeni medya alanları ve dijital oyunlar üzerinden kolaylıkla kurabilmektedir. Bunu yaparken de gerçek yaşantıya ait kimliğini dönüştürerek ve yeni özellikler katarak dijital olarak yeniden inşa sürecine girmektedir. Bahsi geçen kimlik, psikolojik kimlik türünden yeniden inşadır. Kimliğin mekânsal farklılığı, dijital ve gerçek arasında oluşabilecek tutarsızlığı da örtbas edebilmektedir. Bu tıpkı kişinin özel yaşamında inşa ettiği psikolojik kimliği ile iş hayatında inşa ettiği psikolojik kimliğinde yaratacağı tutarsızlıktan farklı değildir. Aradaki dikkat çekici fark şu olacaktır, birey dijital dünyada –medyanın türüne bağlı olarak- fiziksel göstergelerden uzaktır. Ancak fiziksel durumunda yansıtıldığı sosyal medyalarda birey davranış kodlarıyla birlikte, görsel kodlarında da yeniden inşa sürecine girmektedir (Avatar yaratma, fotoğrafları rötuşlama gibi). Çevrimiçi kimlik, İnternet'in teknik özellikleri ve yazımın aracılığı, kullanıcının çevrimiçi varlığını düzenlemesine, yaymasına, dağıtmasına ve en çok katıldığı ilişkisel bağlamlara uyarlamasına yardımcı olur.[123]

Kimlik bu haliyle post-modern toplum kuramı önermeleri ile örtüşmektedir. Bu önermelere göre; kimlik artık bütünlüklü ve sabit değildir, parçalı, çelişkili ve çoklu bir yapıya sahiptir.[124] Post-modern öznenin sahip olduğu kimlik zamanın ve kültürel yapının akışkanlığı kadar akışkandır. Kendini sürekli olarak mevcut toplumsal ve kültürel eğilimlere bağlayarak şekillendirir ve dönüşüme sokar. Bu düşünüş biçimi Hall'ün sosyolojik özne görüşünde[125] yer almaktadır. Bu görüşe göre, kimlik bireyin kendisiyle toplum arasındaki etkileşim sürecinde kurularak kişisel kimlikle sosyal kimlik birbirine bağlanır. Dış kültürel dünya ve üyelikte bulunulan sosyal gruplar kimliğin özünde değişiklikler yaratır. Lowler'a göre, toplumsal olarak inşa edilen kimlikler hiçbir zaman sabit olamazlar, çünkü hem o kimlikleri üstlenen kişiler hem de toplum tarafından o kimliğe verilen anlam değişebilir.[126] Buna ek olarak kimliğin değişmeyen bir yanı vardır, kimliğin nüve kısmı sabit kalma eğilimi gösterirken, değişiklik

---

[123] Micalizzi, Cyber-Self: In Search of a Lost Identity?, s. 219.

[124] Varol, Temsil, İdeoloji, Kimlik, s. 157.

[125] Hall, The question of Cultural Identity.

[126] Varol, a.g.e, s. 163.

gösteren yanı Turner'a göre nüveye baskı uygulayabilir.[127] Bireyi rasyonel bir varlık konumuna yerleştirerek, kimlik denetimini kontrol edebileceği ve değişime uğratmadan sabit tutabileceği görüşlerinin aksine, yirmibirinci yüzyıla ait iki durum bunun aksini ispat etmektedir. Bunlardan ilki kitle toplumunun yaygınlığı ve dominantlığıdır. Bireyin düşünceleri ve yaratıcılığı kitle iletişim araçları ve iktidar güçleri yapısı tarafından kuşatılmış, hatta şekillendirilmiştir. İkincisi ise determinist bakış açısıdır. Bu görüşe göre ise; özgür irade yoktur. Birey egemen güçlerin güdümündedir. Seçme hakkı önceden belirlenmiş sınırların içerisindedir. Bauman'a göre ise; kimlik alınyazısı değildir, kişi kimliğin ömür boyu garanti sağlamadığının, fazlasıyla müzakereye açık ve vazgeçilebilir şeyler olduğunun farkına varır; kendi kararlarının, attığı adımların eyleme biçiminin ve tüm bunları sabitleyecek adımların kimlik ve aidiyet için hayati faktörler olduğunu fark eder.[128] Bu sebeple birey kendi inşa ettiği ve etmeye devam ettiği kimliği ile yaşamını sürdürebilir. Bu onun için bir tercih şansıdır, ancak deterministlerin ifadesiyle de sınırlı bir seçim hakkından en iyi olanı seçer ve kullanır. Birey seçerek inşa ettiği sürdürülebilir ya da terki sağlanabilir kimliği ile dijital dünyada özel bir vitrine sahip olur. Kimliğinin güçlü ve diğer kimliklerden farklı yanları onun izlenirliğini artırır.

Özellikle kendin yap içerikleri ile izlenme sayısını arttıran bireyler sanal kamusal alanın medyatikleri arasındadır. Günümüzde çok sayıda sosyal medya hesaplarından -sıradan ancak takipçisi zaman içerisinde artmış- ürün tanıtımının yapıldığı fotoğraf ve video yayılmaktadır. Bireyler aynı platformu paylaştığı, gerçek ya da sanal medyatikler ile yan yana olmanın getirdiği özenme ya da özdeşleşme duygusu ile dijital kimliklerini inşa etme sürecinde etki altında kalabilmektedir. Bu da popüler kültü-

---

[127] Turner, Social Comparison and Social Identity: Some Prospects for Intergroup Behaviour.

[128] Bauman, Identity, s. 11.

rün dijitalleşerek daha güçlü ama bir öncekinden çok da farklı olmayan haline bürünmesini sağlamıştır. Dijital dünya için inşa edilmiş kimlikler birer vitrin görevi görürken, referansını tüketimden ve dijital evrenin akıl almaz kazanç bolluğundan alır.

Konvansiyonel medyada olduğu gibi yeni medya ortamları da izleyen ve sunan ilişkisi esasına dayalıdır. Tek fark konvansiyonel medyada yıldızları medya patronları yaratırken, yeni medyada fenomenler kendi şovlarıyla izleyicinin oyunu alarak var olur. Her iki durumda da yaratılmış yıldız/fenomen kimliği toplumsal kabulün biçimi bağlamında ayırıcı özelliklere sahiptir. Bu sebeple akışkan modern dünyada kimlikler ayırıcı özelliklerini korumak ve güçlendirmek adına yenilenmeye ihtiyaç duyar. Klişe ve modası geçmiş kimlikler dijital dünyada reddedilir ve yok sayılır. Bu bir dijital toplum sözleşmesidir. Bunun temel sebebi akışkan dünyamızda kendimizi yaşam boyu hatta bütün yaşamdan da kısa bir süre tek bir kimliğe adamak riskli bir iştir, çünkü kimlikler artık giyip göstermek içindir, elde tutmak ve saklamak için değil.[129] Gösteri için hazırlanan kimlikler yani sahip olduğumuz dijital sosyal kimlikler, genelleme olarak ya da ana başlık olarak tüketim kimliğidir. Zamanın getirdiklerine göre –bu bir ya da daha çok tüketim nesneleridir- kimlikler yapılandırılıp işlevsel hale getirilir. Tüketilebilir ikame şeyler için ikame kimlikler yaratılmaktadır.

Bireyler sosyal medyaya gerçek dünyada inşa ettikleri sosyal kimlikleri ile girseler dahi kimlik, dijitalleşme süreci içerisinde diğer dijital kimliklerden etkilenir ve dönüşüme mecbur bırakılır ya da rıza yoluyla bu dönüşüm başlar. Süreç asla tamamlanmaz. Tıpkı sosyal gerçek kimliğin cemaatler arasındaki seyri sırasında her cemaate uyum sağlaması gibi. Di Fraia ve De Kerckhove'ye göre, internetin ya da daha özelde sosyal medyanın, "*her insanın kimliğini ürettiği ve sürekli olarak yeniden*

---

[129] Bauman, Identity, s. 89.

ürettiği, mevcut psikolojik süreçlerin dijitalleştirilmiş dışa vurumlarından biri" olan bir kimlik teknolojisi olarak düşünülebilir; dahası, internetin katılımcı doğası, başkalarıyla ilişki kurmanın mümkün olduğu psiko-ilişkisel bir araç olabilir.[130]

Dijital kimlik tamamlanmamış ve tamamlanması fikri fantezi olan bir projedir. Analog dünyaya ait sosyal kimlikte bu şekilde bir projedir. İkisi arasında derin bir fark yok, temelde süreç ve uygulama yönünde farklılıklar bulunur. Kimlik sadece üyesi olunan sosyal çevreye bağlı gelişmez. Toplumsallaşma, tüketim biçimleri, kitle iletişim biçimlerinin dönüşümü, siyasal yapı, kültürel dönüşümler gibi çok çeşitli parametreler kimlik için belirleyici ve baskılayıcıdır. Özellikle kitle toplumu içerisindeki kimlik bir tüketim nesnesine dönüşmüştür. Dijital dünya içerisinde inşa edilmiş kimlik *ben de varım* demek için bitimsiz bir yarışın parçası haline gelmiş, tüketmeye ve tüketilmeye hazırdır. Bu anlamda dijital kimlik kurgusaldır ve diğer dijital kimliklerden etkilenir. Kullanıcı tarafından yayınlanan bir fotoğrafın ya da videonun öncesinde yapılmış hazırlıklardan izleyicisi habersizdir. İzleyici bakar ve önündeki görüntü üzerinden değerlendirme yapar. Bu kurgusallık beraberinde araca olan bağımlılığın artmasına sebep olmasının yanı sıra, dijital kimlik üzerinde yeni eklemelere ve güncellemelere ihtiyaç duyulur. Bununla birlikte dijital kimlik -çeşitli kaynaklarda çevrimiçi kimlik olarak değerlendirilmiştir-, psikolojik anlamda bir bireyin çevrimiçi benliğinin veya kişisinin karmaşık bir kavramsallaştırmasıdır; kullanıcıların sanal temsillerine atfettiği düşünceleri, fikirleri, vizyonları veya fantezilerini içerir.[131] Kullanıcı benliğini oluşturan tüm yönlerini, dijital benliğine aktarır ve benliğini yeniden gözden geçirme imkanı bulur.

---

[130] Micalizzi, Cyber-Self: In Search of a Lost Identity?, s. 219.

[131] Subrahmanyam ve Šmahel, Digital Youth: The Role of Media in Development, s. 62-63.

Birey içerisinde bulunduğu ortama göre kimliğini inşa eder. Weeks'e göre kimlik, bir ait olma sorunudur ve kimi insanlarla ortak yönlerin olup olmadığı ve kişiyi diğerlerinden nelerin farklı kıldığı ile ilgilidir.[132] Toplumsal ilişkiler sistemi içerisindeki kimlik, anlamlar ve deneyimlerle sürekli gelişim halindedir. Sosyalleşme arayışı içerisindeki birey, kendisini ait hissettiği toplumsal yapının sahip olduğu idealler ve davranış kodları ile bütünleşmeye çalışır. Bu bütünleşme çabaları sırasında birey sosyal kimliğini geliştirir. Dijital kimlik de bireyin gerçek yaşamındaki mensubu olduğu cemaate yönelik inşa ettiği sosyal kimliği türünden inşa edilir. Aradaki en belirleyici fark görünürlüktür. Hegel'in *duyusal kesinlik*'le ifade ettiği gibi gerçek yaşamda duyu organları ile deneyimlenen hayata dair kodlara yönelik inşa edilen sosyal kimlik, siber mekânda imajlar üzerinden sağlanır. Gerçek yaşam için inşa edilen kimliğin beğenilmeyen ya da zayıf görülen kısımlarının siber yaşama uyarlanması dijital kimliğin inşası açısından önemlidir. Dijital kimlik bu sayede gerçek yaşam için inşa edilmiş kimliğin gözden geçirilmiş ve düzenlenmiş olan yeni halidir. Sosyal ağların teknolojik alt yapısından kaynaklanan söylemsel ve kullanım farklılıkları, bireyin inşa ettiği dijital kimliği üzerinde de değişikliklere yol açmaktadır. Kullanıcı imajlar ve göstergeler dünyası olan Facebook ile söylem alanı olan Twitter için birbirinden farklı dijital kimlikler inşa etmesine sebep olur. Örneğin birinde çok gezen ve sosyal bir birey olarak dijital kimliğini inşa eden birey, diğerinde felsefesi, ekonomi bilgisi ya da siyasi söylemleri kuvvetli birey olarak kimliğini inşa edebilir.

Sosyal ağlarda, çevrimiçi bilgisayar oyunlarında ve sanal gerçeklik deneyimlerinde, bireyin inşa ettiği kimlikler ortama ve düzene bağlı olarak çeşitlenir. Tıpkı Facebook ile Twitter'ın içeriksel, biçimsel ve kullanım amaçlarındaki farklılıktan dolayı

---

[132] Weeks, The Value of Difference, s. 88.

bireylerin, farklı dijital kimlikler inşa etmeye teşvik edilmesi gibi. Çevrimiçi bilgisayar oyunlarında da oyunun niteliğine bağlı olarak dijital kimlikler ve kimliklerin isimlendirilmeleri farklıdır. Bunun asli sebebi amaç farklılığıdır. Oyun sosyal içerikli olabilir ve bireyin kendisine avatar yaratarak, diğer avatarlarla tanışması, sanal mekânlarda zaman geçirerek sohbet etmesi için inşa edeceği dijital kimlik, şiddet içerikli bir çevrimiçi bilgisayar oyununda, grupların ya da bireylerin münferit savaşları için inşa edeceği dijital kimlikle birbirine zıt olacaktır. Açıkçası, yeni dijital formlar, yeni dijital kimlikleri ortaya çıkarabilir ve Nina Wakeford'un iddia ettiği gibi, yeni bir kimliğe ilişkin fikirler ortaya çıktığında, *kavramsal sızıntıyı* önlemek için hangi ortamların inceleneceğini belirlemek gerekir.[133] Watkins de[134] benzer bir önerme ile dijital kimlik oluşturma kurallarının dijital benliği sürdürmek ile ilgili olan World of Warcraft ve dijital benliği korumak olan Facebook gibi iki farklı platformda önemli ölçüde farklılık gösterdiğini ifade etmiştir. "*Facebook kullanıcıları kimlik yönetimi ve kendi kendini temsil etme ile uğraşırken, sentetik dünya kullanıcıları da kimlik oyunlarına ve kendi deneyimleriyle inşa süreci çerisindedir. Çoğu Facebook ağında, sunduğunuz kişinin fiziksel dünyada bulunduğunuz kişiye yaklaştığı beklentisi vardır. Bu platformda kimlik oluşturma, çevrimdışı arkadaşların, tanıdıkların tanıdığı ve gördüğü bir benliği yönetmek ve sunmaktır ile ilgiliyken; buna karşılık, deneysel yapıya sahip rol yapma oyununda sunduğunuz kişinin fiziksel dünyadaki kişiyle aynı olacağına dair hiçbir beklenti yoktur*".[135] Tüm ortam farklılıklarına rağmen, sonuç aynıdır. Çünkü sanal ortamlar bir kişinin benlik algısını etkileyebilir. Birey, araç ve içerik yönelimli olarak; dijital kimliğini inşa ederken dijital ortamına uygun düşecek şekilde hareket eder. Gerçek

---

[133] Kennedy, Beyond Anonymity, or Future Directions for Internet Identity Research, s. 29.

[134] Watkins, The Young and The Digital.

[135] Watkins, a.g.e, s. 119.

hayatta olmak istediği ancak gerçek benliğinde eksik gördüğü yanları güçlendirecek biçimde dijital kimliğinin inşa sürecine girer.

Teknoloji ve sürükleyici oyun ortamlarının gelişmesiyle birlikte oyuncular sanal bir ortamda tamamen somutlaşmış kişiler olabilir. Chee'ye göre, sürükleyici 3D (Three Dimension – Üç Boyutlu) alanları, oyuncuların başkalarıyla etkileşimde bulunmalarına, görevleri gerçekleştirmelerine ve sanal bir benlik hissi yaratmalarına izin verir.[136] Sanal benlik hissine ulaşmak için üç çerçeveden geçilir, sanal kimliğin yaratım süreci, gerçek (birey ve sosyal) kimliğin dahil edilmesi, *projektif* yeni kimlik, yani dijital kimlik ile gerçek kimliğin izdüşümsel olarak birbirinin içine geçmesi hali. Dijital kimlik, birey kimliği ve sosyal kimliğin bir araya gelmesi ile oluşan yeni *projektif* yapı, aktif olarak sosyal ağlarda dolaşan ya da sanal gerçeklik içerisinde fazla zaman harcayan bireyleri tanımlar.

Dijital evren, bireyin gerçek görüntüsünün yansımasının zorunlu olmadığı özelleşmiş alandır. Davranış kodlarının, olmak istenen ve gerçek yaşamda görülen karakter ya da toplumsal eksiklerin tamamlanması ile yeniden gözden geçirilmesine imkan bulan dijital vatandaş, dijital evreni gerçeği ile gönüllü olarak takas etmektedir. Bu durum sosyal ağlarda Vlog çeken ya da *Instagram* üzerinden paylaşımda bulunarak tanınırlığını arttırmaya çalışan bireyin, gerçek yaşamdaki davranış kodlarından feragat etmesi ile örtüşmektedir. Özellikle dijital yerlilerin en çok zaman harcadığı alan sosyal ağlardır. Dijital kimliğin güçlendirilmesi, dijital yerli için yaşamsal bir yeni nesil fonksiyondur. Paylaşılan fotoğrafların rötuşlanarak idealize edilmesi, gezgin, mekân kaşifi, ideal eş-sevgili-ebeveyn ya da toplum yönelimli birey imajının güçlendirilmesi/yaratılması, dijital kimlik tercihle-

[136] Chee, Embodiment, Embeddedness, and Experience: Game-Based Learning and the Construction of Identity, s. 16.

rindendir. Goffman, toplumdaki insanları sahnedeki aktörlere benzeten Presentation of Self in Everyday Life (Günlük Yaşamda Benliğin Sunumu) teorisini geliştirmiştir. Goffman'ın teorisine göre; "*Bir birey diğerlerinden önce göründüğünde, bilerek ve istemeden kendisinin algılanmasının önemli bir parçası olduğu durumunun tanımını yansıtır*".[137] Goffman bu görüşüyle öncü kimliklerin varlığına ve öncü kimliklerin diğer kimlikler üzerinde özdeşleşme hissi yaratacağına dair bilgi vermektedir. Dijital evren içerisinde öncü olan yani fenomen adını almış dijital kimlikler, dijital kimliğini yapılandırmaya çalışan ya da yapılandırılmış olanı güçlendirmeye çalışan bireylerin kılavuzu olarak işlev görür. Sanal ağlar da gözetime açık bir sahne olarak aktörlerine, teknoloji ile sınırlandırılmış roller üstlendirmektedir.

Toplumsallaşma ve sosyal düzenin belirleyici faktörü o toplumun sahip olduğu ortak kültürdür. Sanayileşme ve arkasından gelen yüzyıllar içerisindeki teknolojik gelişmeler kültür üzerinde hissedilir değişimlere sebep olmuş, toplumların yaşayış düzenini temelinden sarsmıştır. Kitle kültürüne ve ardından popüler kültüre geçiş ile dayatılmış ve özendirilmiş kurmaca bir yaşantı içerisinde kendisini bulan birey, yaratılan rıza ile kültürel formların değişimine tanıklık etmiştir. Nasıl ki sanayileşme ve kitlesel üretim beraberinde kitle kültürünü, markalaşma, özendirme ve popüler kültürü getirdiyse, teknolojik gelişmeler ve dijitalleşme de beraberinde dijital kültürü getirmiştir. Dijital kültür diğer kültürlerden farklı olarak evrensel yapının parçası haline gelmiş ve evrensel nitelikteki ender yapılardan biri olmuştur. Bu sayede ortaya çıkan dijital kültür ile birey gerçek dünyada, yetiştiği çevrenin kültür kodlarına bağlı olarak inşa ettiği kişisel ve sosyal kimliğini, dijital evrende inşa ettiği dijital sosyal kimlikle değiştirmektedir. Bu şekilde sosyal kimlikteki eksiklerin, dijital kimlik inşa sürecinde giderilmesi ve yeni bir sosyal

---

[137] Goffman, Presentation of Self in Everyday Life, s. 242.

kimlik kazanılması sağlanır. İnşa edilen dijital kimlik ise birey açısından daha tatmin edici olmasından dolayı, gerçek sosyal kimlik üzerinde de etki sahibi olur ve gerçek sosyal kimliğin bitimsiz projesinin düzenlemesine katkı sağlar. Bu yeni kimlik projektif kimliktir.

Kimlik inşasının bitimsizliği üzerine Kellner, modernitede kimliğin oldukça devingen, çok katlı, öz düşünümsel, değişme ve yeniliklere açık hale geldiğini açıklar.[138] Kimlik toplumsal geçerliliğini yitirebilir veya yabancılaşabilir, bu yüzden istediği zaman değişebileceğinin farkındadır. Modernite geçmiş zaman biçimlerinin, değerlerinin ve kimliklerinin yıkılışının ve yenilerinin üretiminin biraradalığını ifade eder. Toplumsal yapıdaki değişimler ya da yapının artık sosyal ağların egemenliği sonucunda yıkıma uğraması ile birlikte, birey medya illüzyonları arasında kendini temsil edecek unsurlar arar ve kimliğini yeni yapıya göre inşa etmek durumunda bırakılır. Sosyal ağların yıkım ve yeniden üretim diyalektiği üzerine kurulu olması, kimliğin de paralel bir düzlem içinde oluşmasına yol açar. Başlangıç bireyin sosyal medyaya girmesiyle birlikte yaşanır ve dijital kimliğin inşa süreci başlar. Birey gerçek yaşamda inşa edemediği kimliği burada inşa edecek yeterli zamana ve özgürlüğe sahiptir. Kimliğin dijitalleşmesi ve diğer kimliklerin birbiriyle etkileşime girmesi özenme ve kopyalama sürecini de başlatır. Maia ve Valente'ye göre; "*Dijital kimlik zayıf veya güçlü olarak sınıflandırılabilir; zayıf dijital kimlik, konuların ve yaşamları üzerinde önemli bir etkisi olmayan sıradan dijital rol oynayan sanal karakterler, avatarlar veya taklitlerle sınırlıdır. Güçlü dijital kimlik dijital yaşamı, öznelerin yaşamlarına uzanan ve sanal bir kavramın ötesine geçen anlamları iletmek için bir destek olarak kullandıklarında oluşturulur.*".[139] Burada en önemli gösterge -geleneksel medya yoluyla-

---

[138] Kellner, Popular Culture and the Construction of Postmodern Identities.

[139] Maia ve Valente, Digital Identity Built on a Cooperative Relationship, s. 58.

medyatik olanların ve sosyal medyada fenomen haline gelenlerin, sıradan kimliklerle aynı platformda yer almasıdır. Bu sayede her birey kendisi için tanınan medyatikleşme ve fenomen olma hakkını kullanabilir. Sosyal medya bu anlamda medyatik sanal kamusal alan olma işlevini de üstlenmiş olur. Sosyal medya platformlarına entegre edilmiş canlı yayın imkanları ile sıradan kişilerin yaptığı yayınlar da izlenme konusunda medyatik kişilerin neredeyse önüne geçmiştir. Günümüz sanal ağlarında yaşanan kimlik durumu, sahip olunması istenen kimliğin inşası ve bunun sunumudur. Yaşanan kimlik durumunun ortaya konması açısından dijital platformlar kategorizasyon sürecine tabi tutulmalıdır. Kategorizasyon, Sosyal Kimlik Kuramı'nda olduğu gibi –anlamak ve tanımlamak amacıyla- platformun mimarisi, sosyal ilişkiler biçimi, kullanım amacı ve kullanıcıların çıkarları doğrultusunda ele alınabilir. Dijital evrendeki sosyal çevreyi anlamak içinse din, dil, ırk ya da meslek parametrelerinden ziyade, sosyal çevreyi oluşturan ortak ilgi alanları, takipçi sayıları, güncellik ve kullanıcının dijital platformdaki sahip olduğu iktidara bakılabilir. Bir diğer gösterge ise dijital sahiplenmedir. Sahiplenme biçimi dijital platformun nitel özelliklerine göre değişiklik gösterse de, ilk sahiplenme platformun kendisini sahiplenme ve ardından gelen ise platformdaki sanal cemaati ya da kullanıcıyı sahiplenmedir. Sosyal medya ortamlarında fenomeni, konvansiyonel starı ya da üyesi olunan cemaati sahiplenme biçimiyle, dijital oyunlarda kurulan grubu sahiplenme farklıdır. Ancak her ikisinde de kullanıcı duygusal bağlarla bağlanır.

Yaratılmış dijital evrenler, gerçeğin yeniden gözden geçirilerek idealize edilmiş ve rasyonel yaşamın bağlamdan kopmuş halidir. Bu evrenler Plato'nun Theory of Ideas'nda materyalist düşünceden uzaklaşarak ve gerçekliğin düzenlenmiş bir kopyası düşüncesini ortaya koymasına benzemektedir.[140] Plato'ya göre;

---

140 Ross, Plato's Theory of Ideas.

idealar, gözle görülür nesnelerin kendilerinin soluk kopya ya da suretleri olduğu değişmez, maddi olmayan, ezeli ve ebedi özler veya örüntülerdir. Dijital evren ile Plato'nun bahsettiği idealar arasındaki en önemli fark *soluk kopya*'dır. Çünkü dijital evren olabildiğince canlı ve gerçekten daha gerçekmiş algısı yaratır. Birey dijital evrene idealize ettiği ve eksiklerini giderdiği yeni kimliği ile girerek idealizasyon sürecinin eksik parçasını tamamlamaktadır. Gerçek dünya sadece beslenme ve ihtiyaçların giderildiği bir ikame alan halini almıştır. Bireyler dijital dünyada artık kullanıcı olmaktan çıkıp, dijital kimlikleri vasıtasıyla dijital vatandaş statüsüne dönüşmüştür.

Birey, çoğunlukla dijital yerliler, günümüzde sosyal ağlar ve inşa ettikleri dijital kimliklerle birbirlerine bağlıdır. Dijital kimlikler açısından Sosyal Kimlik Kuramı'nın bahsettiği kişisel kimlik ve sosyal kimlik ayrımı neredeyse ortadan kalkmaktadır. Dijital oyunlarda kullanıcı kişisel kimliğinden neredeyse sıyrılmış ve oyun için geliştirdiği dijital kimliğinin etkisinde kalmaktadır.

Dijital kimlik açısından tek ve yegane olan gösteriye açık bir vitrin kimliğidir. Daha öncede bahsedildiği gibi sosyal kimlik bireyin aidiyeti ile ilgilidir; aidiyet dijital evren ve onun temsil biçimiyse, gerçek dünyaya ait olan sosyal kimlik, dijital sosyal kimlik olarak varlığını sürdürür. Bu anlamda gerçek dünyaya ait olan kişisel kimlik ise bireyin beceri duygusu, bedensel özellikleri, psikolojik özellikler, düşünsel kaygılar, kişisel zevkler gibi spesifik özelliklerini ifade ederken, sosyal ağlarda bunların önemi azalır.

SANAL GERÇEKLİK

Baudrillard gerçeğe özgü perspektifle bir ilişkimizin kalmadığını gösteren farklı bir uzama geçiş olayından ve daha da kötüsü tüm gösterge sistemlerin yapay olarak yeni bir dirilişte olduğu simülasyon çağına girildiğinden bahsetmiştir.[141] Simülasyon, insanın kendi gerçekliğini aşmaya ve hakikatler evreninden ziyade kendisine suni bir dünya inşa etmesinin bir sonucudur. Önemli olan ise gerçeğin ve gerçekliğin sorgulanmasıdır. Gerçek kavramı, yapaylaşma arttıkça bir önceki anlamı yapay oluşumun yerine geçerek paradoks haline gelmektedir. Gerçeğin yeniden ve sürekli inşası ya da üretimi post-modern dünyaya özgüdür. Bu haliyle gelenekse ya da en naif haliyle gerçeklik ya da hakikatin ne olduğu sorgulanmalıdır. Baudrillard mutlak bir gerçeklikten bahsedilemeyeceğini savunmuştur. Bununla birlikte Rölativist düşünceye göre, bilgi ve hakikat bireyin algılarına; bulunulan çağa, toplumsal, kültürel ve kişisel eğilimlerine görelidir. Altıncı yüzyıl ile birlikte Yunan Tanrı ve Tanrıçalarının öykülerinin pek de ciddiye alınmamaya, dünyevi olanla fantastik olanın ayrılmaya başlanması ile birlikte "Hakikat" düşüncesi ortaya çıkmıştır.[142] Gerçek Ortaçağ felsefecilerinden bu yana önemli değişimlerden geçmiştir. Aşkın olan gerçeği temsil ederken, modern ve postmodern dünyada farklılaşmıştır. Özellikle Baudrillard, gerçekli-

---

141 Baudrillard, Simulations, s. 3-4.

142 Karapınar, Gerçeklik ve Hiper Gerçeklik; Baudrillard ve G. Debord Anlatılarından Hareketle "Hakikatin Yeniden İnşası", s. 514.

ğin değişebilirliğinden hatta gerçekliğin aşılarak bir hiper gerçeğe dönüştüğünden yola çıkarak gerçekliğin yirminci yüzyılda nasıl işlediğini nasıl dönüştüğünü incelemiştir.[143] Günümüzde ve fütüristik gelecekte ortaya çıkan ve çıkması muhtemel olan gerçeklik hakikatin yeniden inşasını kapsamaktadır. Hakikat hiçbir zaman sabit tutulamayacak bir olgudur. Özellikle siyasal bir kavram olarak son on yıldır tartışılan *Hakikat Sonrası/Yeni Gerçek* (Post-Truth) kavramı sayesinde, sanal gerçeklik ya da simülasyonlarla hakikatin, bireylerin eğilimleri ile dijital evrende algıları değiştirecek ve yanılsama yaratabileceği durumu ortaya çıkmaktadır. Post-Truth kavramı, manipüle edilen bilginin ya da hakikatin üzerine yaratılmış sahte bir gerçeği tanımlamaktadır. Burada amaç söylenenin sorgulanması değil, bireyleri bilgiden ve düşünceden yoksun bırakacak şekilde teatral şov niteliğiyle coşturabilmektir.

Ortaçağ düşünürü ya da filozofu için bilgi nesnesi olan gerçeklik, salt maddi gerçeklikten ibaret değildir.[144] Maddi olmayan da Tanrının varlığı ve onun yaratımıdır. Ortaçağ düşünürü Tanrının varlığının ve O'nun yaratımlarının ispatı için çaba göstermiştir. İlkçağ düşünürlerinden Aristoteles ve devamında gelen Platon'da bilginin önemini vurgulamış ve duyuların "akıl" da birleştiği üzerine çalışmıştır. Bunu yaparken epistemoloji ve ontolojiyi birleştirmişlerdir.[145] Platon idealar kuramıyla gerçekle yansıyan gerçek arasında bağlantı kurarak tartışmıştır. Esasen bu tartışması estetik üzerinden yapmış ve sanatı gerçeğin yansıması ya da taklidi olan "Mimesis" ile özdeşleştirmiştir. Modernliğe dair eleştiriler ortaya koymuş olan Nietzsche, batı modernliği hakkında yaptığı yorumlarının merkezine "Tanrı Öldü" söylemini

---

[143] Karapınar, Gerçeklik ve Hiper Gerçeklik; Baudrillard ve G. Debord Anlatılarından Hareketle "Hakikatin Yeniden İnşası", s. 516.

[144] Aydın, Ortaçağ Felsefesinde Dil, Düşünce ve Gerçeklik İlişkileri ve Metafizik Alandaki İzdüşümleri, s. 5.

[145] Aydın, a.g.e, s. 6.

yerleştirmiştir. Gerçeklik modernliğin oluşumuna kadar Tanrısal olan ile ilgiliyken modern dünya merkeze akıl ve endüstriyi yerleştirmiştir. Tanrının ölümünden tüm insanlığı suçlayan Nietzsche, gerçeklik kavramının yeniden düşünülmesi ve mutlak bir gerçek fikrinin değişmesi üzerinden yeni bir sistem yaratılması gerektiğini öğütlemiştir.[146] Artık Tanrı gerçeğin öznesi olmaktan çıkmış ve modernliğin öznesi haline gelmiştir. Modern toplumun gerçeği Rönesans ile temellenmiş, Sanayi Devrimi ile birlikte Aydınlanma hareketi sayesinde üst yapısını oluşturmuştur. Modern düşünce hümanist felsefe üzerinden kendisini şekillendirmiştir. İnsan modern çağın gereksinimlerini aşmaya, bilginin doğasını nesnellikten kopardıkça ve endüstriyi haz çerçevesinden değerlendirmeye çalıştıkça post-modernizme doğru yol almıştır. Yirminci yüzyılın sonlarında, modernist yaklaşımın temel hatları, doğrunun arayışında gerçekliğin birden fazla yorumuna önem veren postmodernist düşüncenin yanında yer almaya başladı, böylece, postmodernizm etkili olmaya başlamıştır.[147] Postmodernizm penceresinden bakıldığında gerçek maddi varlıktan yoksun yansımalar ve insan eliyle dizayn edilmiş dünyalardaki yeni yaşam formudur. Bu form yani geleneksel bağlamından kopuş yaşamış olan gerçeklik *zeitgeist* olarak süreklilik içerisinde değişim ve dönüşüm yaşamaktadır. Bu formu Baudrillard simülasyon olarak adlandırmıştır. Simülasyon kuramını oluşturan Jean Baudrillard'ın belirttiği gibi bir köken ya da bir gerçeklikten yoksun gerçeğin modeller aracılığıyla üretilmesine hipergerçeklik yani simülasyon denilmektedir.[148] Hipergerçeklik gerçekliğin ötesinde ve gerçekten yapaylık derecesinde ayrılmaktadır. Baudrillard'a göre; simülasyon gerçekliği ilke edinmez ve fark

---

[146] Karapınar, Gerçeklik ve Hiper Gerçeklik; Baudrillard ve G.Debord Anlatılarından Hareketle "Hakikatin Yeniden İnşası", s. 514.

[147] Karaırmak ve Siviş, Modernizmden Postmodernizme Geçiş ve Pozitif Psikoloji, s. 103.

[148] Baudrillard, Simulations, s. 2-3.

her zaman belirgindir; "gerçekle" "sahte" ve "gerçekle" "düşsel" arasındaki farklar için bir tehdit oluşturmaktadır.[149] Baudrillad simülasyon kuramını oluştururken televizyonu merkeze almıştır ve yaratılan televizyon dünyasının yapaylığına gönderme yapmıştır. Bununla birlikte tüketim toplumu olma ve postmodernizm eleştirisini yaparken kendi simülasyon kuramından faydalanmıştır. Aynı şekilde Guy Debord'da yayın içeriklerini gösteri olarak adlandırmış, izler kitle için gösteri toplumu kelimesini kavramsallaştırmıştır. Günümüzde yani gösteri toplumu içerisinde simülasyon gerçeğin yerini almıştır. Hiper gerçek kavramında, Baudrillard bunun için televizyonların aktif rolünü vurgulamış ve panoptikon kavramını da kullanarak kuşatılmışlığın derecesini göstermiş, artık postmodern insanın hakikatinin televizyon olduğu vurgusunu yapmıştır.[150] Baudrillad'ın kavramsallaştırdığı bir diğer kelime ise gerçeklik olarak algılanmak istenen görünümleri anlatan "Simülakr" 'tır. İçerisinde simülakrların olduğu simülasyon dünyası olarak en mükemmel modelin Disneyland oluğunu söylemiştir. Başarılı bir şekilde kurulmuş bu hayali dünyadaki oyunlar, yanılsamalar ve fantezilerdir: korsanlar, sınırlar, geleceğin dünyası... vb.[151] Gösteri toplumunu ya da Frankfurt Okulu ekolünde Adorno ve Horkheimer'ın ifadesiyle kitle toplumunu yönlendirmek için kitle iletişim araçları tarafından kurulan simülasyon dünyası öne çıkmaktadır. Adorno ve Horkheimer'a göre; bireysel bilinç, medya ideolojileri tarafından kontrol edilmekte ve sonuçta özne ve nesne birbirinin yerine geçmektedir.[152] Kitlenin medya yayınlarını haz temelli kullanması da bu sürecin etkin rolüdür. Geleneksel medya biçimleri karşı-

---

[149] Baudrillard, Simulations, s. 5.

[150] Karapınar, Gerçeklik ve Hiper Gerçeklik; Baudrillard ve G.Debord Anlatılarından Hareketle "Hakikatin Yeniden İnşası", s. 517-518

[151] Baudrillard, a.g.e, s. 23.

[152] Yumrukuz, Jean Baudrillard'ın Simülasyon Kuramı Çerçevesinde Survivor Programı, s. 89.

sında izleyici edilgendir ve verileni alır. Zaman içerisinde yayıncılar gönderilen ve sıklığı kontrol altında tutulan medya mesajları vasıtasıyla ideolojik ve toplumsal açıdan yönlendirilmektedir. İzleyici de bir süre sonra alıştırıldıkları tipte hazza ve gösteriye dayalı yayınları kabul edecektir. Televizyon programlarının eğlenceli oldukları için izlendiği, izleyiciyi edilgenleştirerek bilinci biçimlendirdiği ve bunların bir sonucu olarak simülasyon dünyası oluşturduğu hipotezlerinin geçerliliği de deneysel olarak sorgulanmaktadır.[153]

Televizyonun yarattığı simülasyon ve Disneyland'in simülakrları günümüzde yeni bir boyut kazanmış, primitif hallerinde dokunma, izleme, koklama gibi duyular daha fiziksel iken teknolojinin geldiği noktada duyulara sanal yollardan ulaşılabilmiştir. Giyilen sanal gerçeklik giysileri sayesinde 360 derece görüş açısı, ses ve yaydığı titreşimlerle, kullanıcının beş duyu organına, sanal gerçeklik vasıtasıyla zihnin algısıyla oynayarak yönelme söz konusudur. Sanal gerçeklik kullanıcıların alternatif bir gerçekliğe ulaştığı ve bu gerçeklikle interaktif ilişkiler kurabildiği, bilgisayarlar tarafından üretilen 3 boyutlu ortamlar için kullanılan bir terimdir. *Sanal Gerçeklik* (VR – Virtual Reality) terimi ilk olarak VPL Research (1989) 'ün kurucusu Jaron Lanier tarafından ortaya atılmıştır ve bu terime bağlı olarak ilgili terimler de ortaya atmıştır; *Yapay Gerçek* (Artificial Reality), *Siber Alem/Uzay* (Cyberspace) ve daha yakın zamanda *Sanal Dünyalar* (Virtual Worlds) ve *Sanal Ortamlar* (Virtual Environments) terimlerini ortaya çıkarmıştır.[154]

---

153 Yumrukuz, Jean Baudrillard'ın Simülasyon Kuramı Çerçevesinde Survivor Programı, s. 94.

154 Giraldi et al., Introduction to Virtual Reality, s. 1.

Şekil 2: Sanal Gerçeklik Gözlüğü. Kaynak: itechify.com, 2018.

Sanal gerçeklik duyularla oynayarak, beynin derinlik algısının kullanılması ile gerçekleşmektedir. "*Sanal gerçeklik, sürükleyici, etkileşimli, çok duyarlı, izleyici merkezli, üç boyutlu bilgisayar ortamları ve bu ortamları oluşturmak için gereken teknolojilerin birleşimini ifade etmektedir.*"[155] Bu haliyle özünde, sanal gerçeklik fiziksel realitenin imajlar yoluyla üretilmiş bir klonudur. Sanal gerçeklik yeni bir dünya ve *Second Life* (İkinci Yaşam) için ortam hazırlarken zaman ve mekân bağıntısını ortadan kaldırmaktadır. Castells'e göre; "*Yeni medya teknolojilerinin bulunduğu mekân, işlevsel ağ kolajlarına veya görüntü kolajlarına tekrar bağlanarak tarihi ve coğrafi bağlardan kopmayı hızlandırıyor, boşluğu merkezden kaldırıyor.*"[156] Sanal gerçeklikte, gerçeklik modeller aracılığıyla yeniden üretilerek gerçek zaman ve mekân bağlamı ortadan kaldırılmaktadır.

---

[155] Cruz-Neira et al., Surround-Screen Projection-Based Virtual Reality: The Design and Implementation of the CAVE, s. 136.

[156] Castells, The Rise of the Network Society, s. 375.

Sanal gerçeklik televizyon ve internet gibi araçların aşırı derecede imaj üretmesinin ve bunun sonucunda öznenin yok olmaya yüz tutmasının bir sonucu olarak ortaya çıkmıştır. Gerçeklik algısı geleneksel bağlarından koparılmış, yani bilgiye dayalı bir gerçeklik kavramı ortadan kalkmış yerine, anın kendisine dayalı bir gerçeklik kavramı yerleşmiştir. Baudrillard'da televizyon ve internet gibi araçların aşırı derecede imaj ve enformasyon üretmesini, öznenin yok oluşuyla birlikte insanın, dünyayı bu araçlar vasıtasıyla sanal gerçeklikte algılanmasını eleştirmektedir.[157] Sanal gerçeklikle birlikte insan düşünen özne olmaktan çok, anı yaşayan ve mevcut yapı içerisinde bilinç seviyesinde gerçekliği tartışan bir özne konumuna geçmiştir. Oysa bilgi, bilgiye ulaşma ve bilgelik Descartes'ın tasarladığı anlamda, insanın, düşünen ve düşündüğünü bilme etkinliğiyle somutlaştıran özne olarak gerçekleştirmesi gerekir. Descartes'ın felsefesinde insan düşünen bir öznedir. Sanal gerçeklik ve inşa edilen sanal kimlikler, insanı tam anlamıyla özne konumunda çıkarmasa da, geleneksel özne anlayışının yıkıma uğratılması ve ardından dönüştürülmesi anlamına gelmektedir. İnsan bu noktada kendisini yapay bir dünyanın öznesi olarak konumlandırmaktadır. Burada konumlanan insan öznesi ise bedenen varlığı sabit sanal bir kimliğe sahip olarak sanallaşmış öznedir. Bir bakıma zaman ve mekânla bağdaşık yaşama biçimi, mobil iletişim araçları ve internet ile birlikte parçalanmış durumdadır. Sanal gerçeklik vasıtasıyla da bireyin zaman ve mekân ilişkisi, akışkan bir hal almıştır. Bireyi mekân bağlamından koparan sanal gerçekliğin yanı sıra 2003 yılında hizmete sokulmuş "Second Life" isimli oyun da kullanıcılara sanal kimlikler inşa etme ve sohbet alanlarında buluşma imkanı tanımıştır.

---

[157] Güzel, Dijital Kültür Ve Çevrimiçi Sosyal Ağlarda Rekabetin Aktörü: "Dijital Habitus", s. 88.

Şekil 3: Sanal Gerçeklik Gözlüğü. Kaynak: www.vrscout.com, 2018.

Second Life kullanıcılarına sınırsız ve özgür bir dünyada ikinci bir yaşam vaadi sunmaktadır. Oyunda etkileşimli interaktif iletişim, sanal tüketim ürünleri ve hizmetleri, günlük ve sosyal etkinlikler yaygın bir şekilde kullanılmaktadır. Second Life sanal bir oyundur ve kullanıcıları tarafından büyümektedir. Kullanıcılar herhangi bir kurala bağlı olmadan kendi kimliklerini inşa ederek sosyalleşme ve kimliklerini yaşatma imkanına sahipler. Sosyal medya ile başlayan kimliğin sanallaşarak yeniden inşası, sanal evrende yükselmiş ve bireyin kimliğinden kimi durumlarda bağımsızlık kazanmış bir hale bürünmüştür. Üretilen dijital kimliğin varlığını sürdürebilmek için, gerçek kimliğe ait davranış kodlarında da değişikliklere yönelinmektedir. Dijital kimliğin akışkan doğası, modern insanın kimliğindeki akışkan doğa ile bütünleşmekte, onu aşmaya ve daha hızlı dönüşüme geçmeye zorlamaktadır. Sanal gerçeklik şimdilik sadece oyun amaçlı kullanılsa da gelecek yılların varsayımına giden ve fütüristik bir gelecek kurgulayan sinemacılar, sanal gerçeklik üzerine çeşitli filmler çekmişlerdir. Steven Spielberg'in 2018 yılında sinema salonlarına giren *Ready Player One* (Başlat) isimli filmi de sanal gerçeklik dünyasına fütüristik bir gelecek bakış açısı sunmuştur. Filmde tüm yaşamlarını neredeyse sanal gerçeklik dünyası olan *OASIS*'de geçiren bireyler, gerçek kimliklerini dijital kimlikle takas etmişlerdir. Bu evrende dijital kimliğin inşa süreci Oasis'teki avatarın güçlendirilmesi sürecinde, bitimsiz bir biçimde ilerlemektedir. Tıpkı bireyin gerçek sosyal kimliğinin inşasının tamamlanmasının fanteziden ibaret oluşu gibi.

Tüm medyalara bakıldığında, her birinin kendi içerisinde kuralları ve hizmet ettiği bir amaç olduğu görülmektedir. Kullanıcı bu amaçlar doğrultusunda medyayı seçer ve kullanır. Seçilen medya da kendi içerisindeki kurallara ve sınırlamalara bağlı olarak bireyin kimlik inşasına olanak tanımaktadır. Örneğin Twitter'da inşa edilen kimlik, 140 karaktere sığdırılacak kadar kısa cümlelerden mesajlar yaratma üzerine kurulmaktadır. Ya da Facebook; yazı, fotoğraf, video ve diğer görsel-işitsel materyallerin kullanımı ile kimlik oluşturulmasına imkân sağlamaktadır. Sanal dünya içerisindeki her araç kendi mesajını üretir ve taşır. McLuhan'ın dediği gibi *araç iletidir*. Ancak salt *araç iletidir* bakış açısı iletinin nesnel halini de dışlamak olur. Çünkü bu aracın teknolojik alt yapısına gönderme yapsa da öte taraftan dilsel özelliklere ve anlam üretme çabasına da yönelmek gereklidir. Stevenson, Saussure'ü takip ederek, dilsel anlamı teknik koşulların değil (gösteren ile gösterilen ilişki rastlantısaldır), dilin özneleraraası doğasının belirlediğini savunmaktadır.[158] Bu noktada inşa edilen dijital kimlik, aracın özelliklerine bağlı olarak (metin, resim, fotoğraf, ses, video...) iletilen mesajın içeriği ve araca bağlı olarak ortak bir değer kazanmaktadır. Sanal gerçeklik dünyasında inşa edilmiş bir kimlik ile bireyin düşünsel olarak yaptığı

---

[158] Stevenson, Medya Kültürleri: Sosyal Teori ve Kitle İletişimi, s. 214.

üretimler aracın kendisine hayat verir. Sanal gerçeklik özelinden bakıldığında kimliğin inşasında özgür ama yapay bir evrende dolaşım ve yaşama serbestliği vardır.

YENİ MEDYA VE TEKNOLOJİK DETERMİNİZM

Determinizm bağlamında yaşam kesin kurallar içerisine sığdırılmıştır. Birey bu anlayışa göre eylemleri, tercihleri, yaşam biçimi, ahlaki tercihleri bakımından bağlayıcı kurallarla çevrelenmiştir ve özgür irade diye bir şey yoktur. İnsanın sahip olduğu irade neden ve sonuçlara dayalıdır ve kararları bunlar etkilemektedir. Bu anlamda birey, evrenin sahip olduğu düzene, yaşanılan mikro çevreyi yöneten ya da yönlendiren etik, ahlaki ve hukuki düzenlemelere bağlıdır. Bireyi ve toplumları kontrol altında tutan şeyler bütünü tercihlerin de önüne geçerek bir çeşit kontrol ötesi oto-kontrol noktası oluşturmaktadır. Birey bu anlamda kendi tercihlerini yapmaktan çok sunulan tercihler ve çeşitlemeler içerisinden talebini karşılayacak olanı seçmektedir. Yani bir bakıma doğa yasaları gereği genel olaylar, bir önceki olaylara ve koşullarına bağlıdır. Bu anlamda evrensel yapı neden-sonuç ilişkisi ile birbirine sıkı sıkıya bağlıdır.

Teknoloji, bilgi ve yapmayı temel alan, modern insanın hayatı kolaylaştırmak için ürettiği alet ve edevatı anlatır. Bu haliyle teknoloji yenilikler ve buluşlarla kendisini gösterir. Teknolojiyi çok basit bir tanıma bağlı kalarak Türk Dil Kurumu; "*İnsanın maddi çevresini denetlemek ve değiştirmek amacıyla geliştirdiği araç gereçlerle bunlara ilişkin bilgilerin tümü*" şeklinde tanımlamıştır. İş gücünü içerdiğinden Marksist terim teknolojiyi *üretim güçleri* olarak tanımlarken, MacKenzie, bilinçli insanın aletlerini, tarihin bir belirleyicisi olarak kabul eder; ona göre, tarihi yapan insandan daha fazla makinelerdir.[159] Jacques Ellul ve Lewis Mumford gibi kültürel eleştirmenler, bilgi ve ideolojinin doğal olarak "teknoloji"nin bir parçası olduğunu ileri sürmüşlerdir. Teknoloji, emperyalist biçimde sosyal, kültürel, ekonomik ve politik alanlara yayılma eğilimindeyken, doğal çevre bile, bir kaynak, sosyolojik bir aktör (işbirliği yapar veya direnir), ya da bir çöplük olarak teknolojik sisteme dahil edilebilir.

Teknoloji vasıtasıyla toplumda önemli bir yönetim gücü olarak görülen inanç, en azından Sanayi Devrimi'nin ilk dönemlerine kadar uzanmaktadır. Yirminci yüzyıl bilginleri tarafından "teknolojik determinizm" olarak anılan bu inanç, insan denetiminin dışında, insan hayatının işleyişini değiştirdiğini ve biçimlendirdiğini, teknolojideki değişimlerin toplumlar ve süreçleri üzerinde, diğer herhangi bir faktöre göre daha büyük bir etki yarattığını kabul etmektedir. Onsekizinci yüzyıl itibariyle yükselen makinalaşma tutkusu ve üretimin makinalar vasıtasıyla seri üretime bağlanması, üretim kalitesindeki makina etkisi, emeğe olan ihtiyaç miktarındaki değişim ve daha birçok önemli detay modern dünyanın oluşumunu sağlarken, öte yandan insan üzerindeki sosyal ve ekonomik değişimi beraberinde getirmiştir. Yeni dünya biçimi içerisindeki insanın rolü ve toplumsal katkıları değişmekle beraber tarihe yeni bir başlangıç yapılmıştır. Makineler insan varlığının maddi koşullarını değiştirerek tarih yapar.[160] Paradoksal yönden, katılım, makinaların tarihi nasıl belirlediği, değiştirdiği ve yönlendirdiğinin en açık kanıtıdır. Birey ya da toplum rızası ile katılım sayesinde makineleşmenin artışı, teknolojik determinizmin en tatmin edici örneğidir. Rızanın alınması ya da üretilmesi kapitalist düzenin temelini oluşturan olgulardan biri olan maddi yaşamın adaptasyonudur. Burada ortaya çıkan sorun-

[159] Williams, The Political and Feminist Dimensions of Technological Determinism, s. 218.

[160] Heilbroner, Technological Determinism Revisited, s. 69.

lardan sadece ikisi tanımlanmıştır; 1 – makinaların tarih yazması ve 2 – rızanın üretimi. Geri kalanında kültürel değişimler, kitle iletişimi biçimi, ekonomik dengeler, çevresel konular ve daha birçok etmen yer almaktadır. Çünkü teknolojik yapının herhangi bir toplumun faaliyetlerine ayrılmaz biçimde bağlı olduğunun kabul edilmesi, bu yapıda meydana gelen değişiklikler ile sosyo-ekonomik düzenin değişmesi arasındaki bağlantıya ışık tutar.[161] Bu bağlamda geçmiş yüzyıllarda feodalizmden kapitalizme geçiş için makineleşme yapı taşı olmuştur.

Teknoloji geniş biçimde tasarlanmış modern dünyadaki merkezi güçtür. Özellikle Fordist sistemle birlikte geliştirilmiş yönetim stratejileri ve işgücü kontrol biçimlerinin yanı sıra kitle tüketim teknikleri olarak adlandırılan şeylerin çoğu, teknolojinin bireyin üzerindeki sosyal, kültürel, ekonomik ve estetik değerlerdeki kaygının ne biçimde değiştirildiğinin göstergesidir. Seri üretime bağlanan ve ucuzlatılmış her şey standartlaşma ile karşı karşıyadır. Yirminci yüzyılın yaşam tarzı ve sorunları uluslararası olarak standartlaşmıştır. Yirmibirinci yüzyılın getirdiği kaliteli üretim ürünleri; ancak bunun karşısında duran bir terhane üretim biçimi gerçeği ile birey, sınırlı sayıdaki ünlü küresel markaların ürettiği ve çokmuş gibi görünen ürün çeşitliği içerisinde seçme özgürlüğüne sahipmiş gibi görünür. Oysa her ya da bir çift ürün sadece toplumun belli kesimlerine hitap edecek biçimde tasarlanır ve sunulur. Üretim teknolojisinin çok çeşitliymiş gibi ürün üretilmesine izin vermesinin aksine seçme özgürlüğü bu illüzyon karşısında sınırlıdır. Bu anlamda teknolojinin ve teknolojik üretimin ürünleri -miş gibilik üzerine kuruludur.

Teknolojik yaklaşımlar, her yeni gelişme ile teknolojik görüşleri değiştirmiş ve yön vermiştir. 1950-60 yıllarında Kanadalı sosyolog ve iletişim araştırmacıları Harold Innis ve Marshal McLuhan teknolojik determinizm kuramı ile kitle iletişim araçla-

---

[161] Heilbroner, Technological Determinism Revisited, s. 70.

rına ilişkin teknolojik görüşlerin temellerini atmışlardır. Teknolojik determinizme göre iletişim teknolojileri tarihi, kitle iletişim araçlarının toplumsal etkileri, kültürel etkileri ve yönlendirici gücü sebebiyle uygarlık tarihinin merkezini oluşturmaktadır. Bu yaklaşım medya araştırmalarında *Sınırlı Etkiler* ve *Güçlü Etkiler* dönemini kapsayan, izleyicinin pasif konumunu reddeden ve izleyiciyi bilinçli bireyler olarak ele alan düşünüş biçimine ve saha araştırmalarına tezatlık sağlamıştır. Çünkü teknolojik determinizm, teknolojinin kullanımını yöneten toplumsal süreçleri ve seçimleri göz ardı etmiştir. Raymond Williams, teknolojinin merkeze konulup, insan ve toplum ögesinin önemsizleştirilmesinin yanlış bir bakış açısı olduğunu savunmaktadır. Bu bağlamda göz önünde bulundurulması gereken teknolojinin insanlara ne yaptığı ve insanların teknolojiyle ne yaptığıdır. Çünkü birey çevresini kuşatan teknolojik aygıtlarla donatılmış ve hayatını teknolojinin sundukları ile kurmaya itilmiştir.

Teknolojik determinizmi iki farklı biçimde değerlendirmek mümkündür: 1- Teknolojik değişim toplumsal değişimi yönlendirmekte, 2- aynı zamanda sosyal baskılara ve teknolojik gelişmeyi toplumsal kısıtlamalardan tamamen bağımsız, özerk bir güç olarak algılayan bir görüş öne sürülebilir. Teknoloji insan iradesini kontrol eden ve yaşayış biçimini yönlendiren modern dünyanın icadı; gereksinimdir ve bireyi artık teknolojiden bağımsız düşünmek neredeyse imkansızdır. Teknolojik aygıtları mutlak mobil cihazlar ya da bilgisayar sistemleri gibi mikro düzeyde değil daha geniş çaplı endüstriyel sistemler dahilinde düşünmek gereklidir. Misa'ya göre; "*Bir teknoloji, bir donanım parçasından çok daha fazlasıdır. Düzgün anlaşılmış olan 'teknoloji', toplumu kapsayan ayrıntılı sosyoteknik ağlar için kestirme bir terimdir. Makro analiz seviyesinde 'teknolojiyi' çağırmak, tek bir düzenli terim, bir dizi aktör, makine, kurum ve sosyal ilişkileri bir araya getirmektir. Mikro düzeydeki analizde 'teknolojiyi' genişletmek, sıkıştırılmış bütünün karmaşıklığını ve dağınıklığını yeniden kazanmaktır. İnsanların ağların gerekli bir parçası olduğu sürece, 'teknolojinin' toplumsal değişime neden olduğunu söylemek, insanların sosyoteknoloji ağları aracılığıyla yarattıkları ve sürdürebilmeleri için toplumsal değişime neden olduklarını söylemektir. Bu ağları açıklamak, anlamak ve yönetmek, bizden önce gelen görevdir."*[162]

Robert Heilbroner'ın "Do Machines Make History – Makinelerin Tarih Yapması" başlıklı klasik makalesinin başlangıcında açık bir şekilde yaptığı şeyi dolaylı olarak yapmaya eğilimliyiz.[163] Heilbroner'a göre, makineler bir anlamda tarih yaparlar ve bu teknoloji seviyesinin insan dramı üzerinde doğrudan bir etkisinin olduğu açıktır.[164] Tüm tarihin yazıcılığını makineler yüklemek doğru olmayacaktır ki, Heilbroner'da bu konuda kişinin kendisine makinelerin hayatı devralması ile ilgili soru sormamasında görmektedir. Örneğin, savaş teknolojisine yönelmenin politik seyirle, sosyal davranışlar üzerindeki etkinin makinaların tarihsel gelişimiyle ya da radyo ve televizyonun politik davranış üzerindeki etkisiyle incelenmeli ve bu yönde sorular sorulmalıdır. Determinizmin kitle toplumundaki üstünlüğü, teknolojik gelişimle birlikte yüzünü teknolojik determinizme çevirmiştir. Teknolojiye yönelmiş davranış biçimleri beraberinde sosyoekonomik sorunları da getirmektedir. Heilbroner'ın da vurguladığı gibi, modern çağ tarihi, siyasal ya da diplomatik ya da dini olaylar açısından değil, sosyoekonomik faktörler açısından tanımlamıştır. Bu çağın büyük teknolojik olayına yanıt olarak, teknolojik ilerlemenin ezici ve eşi görülmemiş artışı, teknolojik ilerlemenin kavramıydı. Modern çağda yaşayan bizler için, tarih neredeyse teknolojik bir sürecin tanımıdır.

---

162 Misa, Retrieving Sociotechnical Change from Technological Determinism, s. 141.

163 Williams, The Political and Feminist Dimensions of Technological Determinism, s. 219-220.

164 Heilbroner, Do Machines Make History, s. 335.

Bireylerin yaşam koşullarının teknoloji ile çevrelenmesi ve buna gönüllü olunması, teknolojik tüketici ürünlerinin kitlesel üretime dönüşmesi ve ulaşılabilirlik durumu, toplumları dayatmacı bir teknoloji politikası ile karşı karşıya getirmiştir.

Teknolojik determinizm için önemli olan dijital evrenin toplumu nasıl dönüştürdüğüdür. Bu anlamda toplumun, dijital evreni nasıl yarattığının bir önemi yoktur. Çünkü dijital evren insan yaratımlı olsa dahi çıkar gruplarının güdümünden etkilenmekte ve/veya etkilenmeye açık bir sahadır. Bu evrende tanınırlık elde etmek ve diğer dijital evren fertleri tarafından kabul edilmek için -günümüz teknolojisi açısından- basit bir akıllı cihaza sahip olmak yeterlidir. Dijital evren kendi bünyesinde örgütlediği davranış kodları, dili ve kültürüyle insan denetiminin dışındadır ve kendine has bir özgürlük anlayışı ile insan yaşamının işleyişini yönlendirmekte ve biçimlendirmektedir. Bireyler dijital evrende kendi özgür alanlarını inşa ettiklerini düşünürken, teknolojik determinizme göre; inşa edilen şey aslında alternatif yeni dünyadır ve gerçek eski dünyadan farklı olarak beton ve demir yerine kabloların ve ekranların olmasıdır. Dijital evren özgürlük hissiyatı verirken panoptik gözlemin en güçlü olduğu yerdir ve düşünülenin aksine inşa süreci bireyler tarafından değil, gelir hacmi yüksek yazılım şirketleri tarafından kurulur. Birey sadece yaratılan evrene göre kimlik inşa edebilir ve burada varlığını sürdürebilir. Dijital evren içerisine ekimlenen kültür ve oluşturulmuş ortak dil yine şirketlerin arz-talep döngüsüne göre şekillenmektedir.

TEKNOLOJİK YAKLAŞIMLAR VE KURAMLAR

Birden fazla bilgisayarın birbirine bağlanması ile oluşan yapıya ağ (Network) denir. Bilgisayarlar birbirlerine kablolar ya da uydular aracılığı ile bağlanır. Bu ağlar içerisinde belki milyonlarca ana makina ismi verilen sunucular (server) vardır ve bu ana makinalar bilgilerin depolandığı ve kullanıcılara açık olan yerleri ifade eder. Örneğin sanal bir kütüphane olarak kabul görmüş Wikipedia web sitesinin, çok geniş kapasiteli sunucuları vardır ve web sitesine girenler bilgilere ona ait olan sunucular üzerinden ulaşır. Bu ağ sistemine genel olarak "internet" adı verilmiştir. Bu sayede çok sayıda bilgisayar bu ağa bağlanarak, birbirleri arasında iletişim kurmaları sağlanmıştır. 1971 yılında ise ilk elektronik posta gönderimi sağlanmıştır. 1985 yılında kullanılmaya başlayan İngilizce "Internet" sözcüğü, "kendi aralarında bağlantılı ağlar" anlamına gelen "Interconnected Networks" teriminin kısaltmasıdır. Kamuya açık bir sistem olması, interneti sadece bir sohbet ya da kişisel haberleşme ortamı olmaktan çıkarmış, firmaların ürünlerini sattığı ve tanıtımını yaptığı ya da ansiklopedik ve kişisel deneyimlere bağlı olan inanılmaz bir bilgi deposu haline getirmiştir. İnternetin gelişmesi ve web 2.0 teknolojisinin esnekliği sayesinde sosyal medya denen sosyal ağlar ortaya çıkmıştır.

Sosyal medya ve onun getirdiği iletişim biçimleri, ağ toplumu olmanın getirdiği bir yeniliktir. İnternet ve onun dolayımındaki tüm uygulamalarla bireylerin birbirine bağlanması beraberinde ağ toplumu kavramını ortaya çıkarmıştır. Ağ toplumu olmaya doğru atılan adım, küreselleşme isteğinin bir getirisi ve küreselleşme isteği ise yeni bir dünya düzenine sahip olma arzusundan doğmuştur. Ağ toplumu kuramı, Castells tarafından ortaya atılan ve yeni dünya düzeni ağların şekillendirdiğini ifade eden bir yaklaşımdır. Günümüz ağ toplumu, ağlar üzerine kurulmuş bir ilişki ve etkileşim sistemini yaygın ve yoğun bir şekilde kullanmaktadır.[165] Ağ toplumu, sosyal morfolojinin sosyal eylem üzerinde öncü olmasıyla karakterize edildiği bir toplumdur.[166] Manuel Castells içinde bulunulan bilişim çağının insanlar ve kurumlar üzerinde yarattığı ekonomik, siyasal ve toplumsal çok yönlü dönüşümünü analiz ederek, teknolojik paradigmanın ortaya çıkardığı yeni toplum tipine "ağ toplumu" adını vermektedir.[167] Bizim sosyal medya ve ağ toplumunu açıklarken kullanacağımız milat, küreselleşme ile bilgi ve iletişim teknolojilerinin gelişimi olacaktır, çünkü küreselleşme sermayenin dağılımı ve sınır ötelerine taşınmasına olanak sağlayan yeni bir ekonomik yapılanma iken; ağ toplumu olmak nicelik olarak benzer, nitelik olaraksa tamamen farklı bir sermaye yapısı ortaya çıkarmıştır. Ayrıca küreselleşme modern bir bakış açısı iken, ağ toplumu post-modern bir bakış açısına sahiptir. Bunun yanı sıra bilgi ve iletişim teknolojileri çevrimiçi bireylere, iletişim alanlarının mekândan bağımsızlığını sağlamaktadır. Ağlar, toplumlarımızın yeni sosyal morfolojisini oluşturur ve ağ mantığının yayılması, üretim, deneyim, güç ve kültür süreçlerinde işleyişi ve sonuçları büyük ölçüde değiştirir.[168] Çevrimiçi yaşamak ve ağlara bağlı olmak bireyi özgürleştiren bir düşünüş biçimini ortaya çıkarırken, diğer yandan bunun bir içerik üretme konusunda bireyi

---

165 Bozkurt, Ağ Toplumu ve Öğrenme: Bağlantıcılık.

166 Castells, The Rise of the Network Society, s. 500.

167 Yeniçıktı, İletişimsel Eylem Ve Facebook: Gezi Parkı Olaylarında Sosyal Medyanın Gücü, s. 270

168 Castells, a.g.e, s. 500.

sömüren ve özgürlüğün bedelini ödeten bir düşünüş biçimini de ortaya çıkarmıştır. Christian Fuchs çevrimiçi bireylerin üreten tüketicilere dönüştüğünü savunur. Birey çevrimiçi yaşamanın bedeli olarak mahrem dünyasını maddi bir karşılık beklemeden ağdaki diğer bireylere açar ve çevrimiçi olan dijital kimliği yeni medya şirketlerince dönüşüme zorlanır. Henry Jenkins ise özgürlüğü, yaşanan ortak dijital kültürde bulmuştur. Bu sayede çevrimiçi bireyler birbirleriyle yakınlaşır. Bu iki bakış açısı içerisinde Fuchs, ekonomik bağların önemini vurgular. Sosyal medya şirketlerinin kapitalist bir yaklaşımla, ağlara bağlı kalmak adına içerik üretenler üzerinden elde ettiği karşılıksız kazançları işaret ederek, ağa bağlı kalmak adına içerik üretenleri modern kölelere benzetmektedir. Dijital kapitalizmin işleyiş modeli, gönüllü olarak içerik üreten ve bunu ağa bağlı kalmak adına yapan bireylerden kazanç elde etme üzerine kurulmuştur.

Küreselleşmeyi kapitalizmin dünya genelinde bir sistem olarak kök salmaya başlamasıyla açıklamak onu daha çok bir ekonomik yapı olarak görmenin yanında bu yapının kültürel ve siyasal içeriklerini de dikkate almak demektir.[169] Bauman'a göre; enformasyonun taşınmasını sağlayan en önemli teknik faktör, hareket kabiliyetidir ve insanın basit ve yorucu olmayanları dışında fiziksel olarak hareketini de gerektirmez.[170] Bauman küreselleşmeyi, enformasyonun çok hızlı bir şekilde taşınması ve ayrıcalıklı insanın seyahat kabiliyeti ile açıklıyor. Küreselleşmeyle birlikte, uluslararası bir boyut kazanan kitle iletişimi, sınırsızlaşan hareket ve dolaşım ile birlikte, sermayenin ürün ve hizmetlerin dışında, insanların, simgelerin, anlamların ve mitlerin akışını kapsamaktadır.[171] Bilgisayarlar aracılığı ile kurulan Dün-

---

169 Taylan ve Arklan, Medya ve Kültür: Kültürün Medya Aracılığıyla Küreselleşmesi., s. 86

170 Bauman, Küreselleşme, s. 22

171 Aytaş, Küreselleşme Teknolojileri Üzerinde Mekânsızlığın İnşası ve Nesnenin Dönüşümü, s. 5

ya Çapındaki Ağ (World Wide Web) sayesinde ise enformasyonun bir insanın seyahat hızından çok daha hızlı bir şekilde ulaşabilmesi ile insanın fazlaca hareket etmesine gerek kalmamıştır.[172] Bauman'ın düşünceleri, McLuhan'ın ifadeleriyle örtüşür ve *Global Köy* kavramı ile de konuya fütüristik bir bakış açısı kazandırmıştır. McLuhan'ın da bu oluşumu "global köy" ile işaret etmesi, iletişimsel anlamda bilgi ve enformasyonun küreselleşmesidir.[173] Küreselleşmenin yolunu açan teknolojik medyumlardan televizyon, uzun yıllar taşıdığı bilinç altı ya da doğrudan algılanabilen mesajları aracılığıyla toplumları iletişim ve kültürel düzeyde birbirine entegre etmiştir. Tek yönlü bir iletişim aracı olduğundan izleyici konumdakiler sadece kendilerine ulaşan mesajları almışlar ve mesajın geldiği yöne geri bildirimde bulunacak bir ortama sahip olamamışlardır. Keza bu durum radyo için de benzer oranda geçerlidir. Televizyon batıdaki günlük yaşam rutinleri ile bütünleşmiştir. Satın alma ve özenme tutumlarında etkin bir yere sahip olan televizyon, izleyicisinin birçok karar verme etkinliğinde söz hatta yaptırım sahibi olabilir. Küreselleşme açısından televizyon ve radyo çok önemli aygıtlardır. Görünüşte yerele ait olan olayların yorumu ve aktarımı bile genellikle aynı uluslararası kaynaklardan sağlanma eğilimindedir.[174] Küreselleşmenin yeni aktörü internet ile birlikte ise; yaşanılan dünya, küreselleşmeden ağ toplumu olmaya doğru hareket etmiştir. İnterneti televizyon ve radyodan ayıran en önemli fark, iletişimin çok yönlü olmasıdır. Özel elektronik posta adresine gelen izinsiz reklam postasını gönderene şikâyet etmek ve uyarıda bulunmak gibi bir imkana sahip olunmuştur. Oysa televizyonda karşımızdaki bir reklam için "ben bunu artık görmek istemiyorum" deme şansınız yok. Yayın akışı içerisinde ise siz kanalı

---

172 Bauman, a.g.e, s. 22

173 Aytaş, Küreselleşme Teknolojileri Üzerinde Mekânsızlığın İnşası ve Nesnenin Dönüşümü, s. 4

174 Bauman, Bireyselleşmiş Toplum, s. 52

değiştirmeden ya da televizyonu kapatmadan görmeme şansınız olmayacaktır. Özellikle 1990'lı yılların başından itibaren kamusal kullanımı yaygınlaşan internet, yalnızca iletişim teknolojisi alanında bir yenilik olmakla kalmamış, aynı zamanda gerek akademik gerek popüler ilginin merkezine oturmuştur.[175]

McLuhan'ın teknolojik yaklaşımlarında çeşitli saptamaları bulunur. McLuhan'a göre her yeni teknoloji bir öncekini ortadan kaldırır, bununla birlikte bireylerin alışkanlıklarında ve tutumlarında da terkler yaşanır. Tıpkı telefonun icadı ve yaygın hale gelmesiyle mektup yazma alışkanlığının ortadan kalkması, dijital dünya ile gelen anlık mesajlaşmaların da telefon görüşmelerini ortadan kaldırmaya başlaması ya da uzaktan görüntülü görüşme ile uzak mesafelerden bir araya gelip görüşmelerin fiziksel koşullarla yüz yüze yapılmasının ortadan kalkmaya başlaması gibi... İletişim biçimlerindeki değişim ve gelişim, insan topluluklarının yaşadığı toplumsal değişimleri de beraberinde getirmiştir. Bu değişim McLuhan'ın temel inancını ortaya koyduğu düşüncesidir. Analog iletişim biçimlerinin küresel dijital dünya ile değişime uğraması, toplumların ortak bir kültürde birleşmesi sonucunu ortaya çıkarmış ve insanı yeniden biçimlendirmiştir. Çünkü McLuhan'a göre, araç değişince toplumun iletişim biçimi de değişir. Bu haliyle insanlar yeni çıkan aracı, aracın biçimlendirdiği amaç çerçevesinde kullanırlar. McLuhan'a göre teknoloji yalnızca insanların kullandığı icatlar değildir, insanları yeniden icat eden araçlardır.[176] Bu düşünce McLuhan'ın determinist bakış açısının bir sonucudur. McLuhan'ın ortaya attığı en önemli kavram olan *Global Köy* ile dünyadaki medya teknolojilerinin yaygınlaşmasının bir sonucu olarak birbirine bağlı hale geldiğini açıklamaktadır. Bu kuram elektronik medyanın insanlığı yeniden birleştirdiği fikri üzerine kuruludur. Bugün ve geleceğin teknolo-

---

175 Timisi, Yeni İletişim Teknolojileri ve Demokrasi, s. 121

176 Güven, Yeni Dünya Düzeni İçinde Enformasyon Teknolojilerinin Vaatleri ve Tehditleri, s. 73.

jileri içerisinde yer alan sanal gerçeklik, çevrimiçi bilgisayar oyunları, sohbet platformları, sosyal medya ağa bağlı olabilenler için ortak bir dijital evren yaratılmasına ve bu alanlarda zaman geçirilmesine olanak sağlamıştır.

Castells'in "Ağ Toplumu" kuramı, gelişmiş iletişim teknolojileri temelinde dünya çapında oluşturulan birtakım ağların çerçevesinde dünyanın yeniden oluşumu hakkında yeni perspektifler açmaktadır.[177] Kavramsallaştırdığı ve "*Enformasyon Çağı: Ekonomi, Toplum ve Kültür*" üçlemesi kitaplarında açıkladığı "Ağ Toplumu" kavramı "Enformasyon Toplumu" kavramının kendisi tarafından geliştirilmiş halidir. Castells'e göre ağ toplumu birbiriyle bağlantısı olan düğümler kümesidir.[178] Her bir düğüm dizisi ise farklı ağları temsil eder, yani bir düğüm finansal yapıyı temsil ederken, bir diğer düğüm kültürel yapıyı temsil eder. Birbirinden anlamca ve pratikte farklı olan disiplinler sınırsız bir ağ yapısı ile birbirine bağlıdır. Enformasyon Çağı'nda kültürel ifadenin, kamuoyunun kökenlerinde yer alan yeni medyanın küresel ağında bu kümeler, televizyon sistemleri, eğlence stüdyoları, bilgisayar grafiği ortamları (computer graphics milieux: Bilgisayar grafik sosyal ortamları), haber ekipleri, sinyal üreten, gönderen, alan mobil aygıtlardır.[179]

Manuel Castells'e göre; "Bir ağ toplumu, ağlardan daha doğrusu enformasyon ağlarından oluşmuş sosyal bir yapıdır.".[180] Kuramın temel savı, toplumun bütün alanlarında temel yapılarındaki süreçlerin organizasyonunda hiyerarşilerden ağlara (network) bir kaymaya tanık olunmasıdır.[181] Ağ toplumu, yeni

---

[177] Doğan, Enformasyonel İş Gücü İçin Yeni Bir Öğrenme Yaklaşımı: Bağlantıcılık, s. 173.

[178] Castells, The Rise of the Network Society, s. 501.

[179] Castells, a.g.e, s. 501

[180] Castells, Ağda Küreselleşme, Kimlik ve Toplum, s. 110

[181] Doğan Enformasyonel İş Gücü İçin Yeni Bir Öğrenme Yaklaşımı: Bağlantıcılık, s. 173

teknolojilerin üretim biçimlerine cevap verecek hızdadır. Günümüz ağ toplumu, ağlar üzerine kurulmuş bir ilişki ve etkileşim sistemini yaygın ve yoğun bir şekilde kullanmaktadır.[182] Hızlı ve seri üretim karşısında bir o kadar hızlı tüketim yer alır. Her üretilen meta ya da duygu çok hızlı bir şekilde tüketilmeye mahkumdur. Tüketimin bu denli hızlı oluşu nedeniyle, ağ toplumu bireylerinin karakterleri kendinden önceki kuşaklardan hayli farklılaşmıştır. Çoban'a göre; "Ağ toplumundan bahsedilirken aslında ekonomi, siyaset, kültür temelinde işleyen toplumsal ilişkilerden söz edilmektedir, bu ilişkiler ağının sürekli değişen ve dönüşen dinamik bir yapısı vardır, ancak bu yapının köklü dönüşümler geçirdiği tarihsel süreçlerden de bahsedilebilir, bu açıdan enformasyon çağı ekonominin, siyasetin, kültürün ve pratiklerin yeniden şekillendiği ve bunun ağlar üzerinden yeniden yapılandırıldığı bir sürece gönderme yapmaktadır".[183] Ağ toplumunda bireyler birbirlerine ağlar ile bağlıdır. İnternet ağı üzerinden ticaret, siyasi propaganda, reklam, haber ve sosyalleşme sağlanabildiği gibi kültürel ve dini misyonerlik çalışmaları da sürdürülebilir. Ağ toplumu olmak yerel kültürün üzerinde yeni bir kültüre sahip olmayı da getirir. Reel yaşantıda sahip olunan kültürel yapı, sanal yaşama geçildiğinde yapı bozuma uğrar ve yeni bir kültür biçimi ortaya çıkar. Ağ toplumu yurttaşları ortak bir kültür inşa etmişlerdir ve bu yeni kültür biçimi yerel kültürden uzak, küresel dünya ile ağlar dünyasının ortak kültürüdür. Ortaya çıkan bu üst kültür ile farklı toplumsal yapılardan bireyler, ortak bir kültürel dile sahip olmuşlardır. Şunu da ifade etmek gerekir ki, bahsi edilen üst kültür, yüksek kültürle zıtlık sağlayan üst kültürle karıştırılmamalıdır. Zira yüksek kültürle zıtlık sağlayan üst-orta kültür edebi ve diğer sanatlar açısından daha basit ve bayağı olan kamusal okumaları içerir.[184]

---

[182] Bozkurt, Ağ Toplumu ve Öğrenme: Bağlantıcılık, s. 1

[183] Çoban, Sosyal Medya Devrimi, s. 10

[184] Gans, Popüler Kültür ve Yüksek Kültür, s. 116

Castells, teknolojik devrim ve kültürel değişim ile şekillenen network toplumunu 'akışlar mekânı' kavramıyla izah etmektedir. Akışlar mekânı, zamansal ve mekânsal sınırlamalara tabi olmayan ağları, zamansız zamanı ve yersiz mekânı simgelemektedir.

Önemli bir görüş ortaya süren Fuchs ağ toplumu olmayı daha önce de bahsedildiği gibi modern kölelikle örtüştürmektedir. Jenkins'in tabiriyle taban medyanın yani kullanıcıların kolektif bilinçle ürettiği içerikler, üretici medya yani kurumsallaşmış dijital medya şirketleri tarafından kâra dönüştürülmesi bizi Fuchs'un modern köleliğine götürür. Jenkins, kolektif bilincin, içerikleri ve platformları zenginleştiren bir paylaşım kültürünü ortaya çıkardığını savunurken; Fuchs ortaya çıkan kurumsallaşmış üretici medyanın, elde ettiği karlardan dolayı taban medyanın modern kölelik benzetmesi ile sömürdüğünü savunmaktadır. Bu sistem içerisinde taban medya hem üretici hem de tüketici konumunda yer almakta ve terhane üretim zincirinin yeni bir yansımasına dönüşmektedir. Dawson ve Foster da, Fuchs'un bu konudaki görüşünü biraz daha ileriye taşımıştır. Onlara göre; günümüzün teknolojiye dayanan en büyük mitlerinden birisi, örgütlü kapitalizmin bütünlüklü sisteminin yerini *elektronik cumhuriyet* in aldığı düşüncesidir.[185] Öte yandan Jenkins konunun tekelleşme sürecinde, içerik üretiminin kurumsallaşmış medyadan ayrılabileceğinin de önemli bir ayrıntı olacağı görüşünü ortaya koymaktadır. Fuchs açısından bir diğer önemli konu; içerik üretmeyen sadece hazır verileri kullanan bir kullanıcı olsa dahi kurumsallaşmış dijital medya şirketlerine açtığı kişisel verileri sayesinde, o kurumsalların büyük verilerini beslemekte ve bu sayede yine karlarını arttırmaktadır. Tüm bu kazanç elde etme dinamiklerini çalışmalarının dışında bırakan Jenkins, ortak akıl üretmenin yani kolektif bilincin ve kültürel yakınlaşmanın

---

[185] Dawson ve Foster, Sanal Kapitalizm: Tekelci Sermaye, Pazarlama ve Enformasyon Otobanı, s. 67.

demokratik söylemin yükselmesi açısından önemli olduğunu vurgulamaktadır. Buna benzer bir görüşü teknolojik determinist ve teknolojinin belirleyiciliğiyle bağıntılı tarihsel materyalist incelemeler yapan Harold Innis ortaya atmıştır. Teknolojideki değişimlerin ve yeniliklerin sonucu olarak toplumsal ve kültürel değişimlerin yaşanmasını göstermiştir. Bireylerin toplumsal örgütlenme ve boş zamanlarında kolektif olarak bir araya gelerek bu zamanı değerlendirmeleri, yeni iletişim teknolojilerine bağlı olarak gelişen sosyal medya veya ağa bağlı oyunlar vasıtasıyla aşılmış ve mekân bağımsız bir hal almıştır. Bu durum kimi görüşlere göre, sağlıklı olan yüz yüze iletişimin sonunu getirdiği ve yapay bir iletişim biçiminin ortaya çıktığı yönündedir. Bu soru ya da sorun Innis'in çalışmalarındaki iki temel sorundan biridir. Innis bu bağlamda teknolojik saptayıcıdır. Innis'e göre, insan kendi teknolojisi ile birlikte vardır; toplumsal biçimlerdeki (aile, örgütler) ve kültürdeki değişiklikler iletişim teknolojisindeki değişimlerin bir fonksiyonudur.[186]

Jenkins'in düşüncesinin aksine Fuchs açığa çıkan verilerin toplanması ve denetimin kolaylaştırılması ile dijital ağların aslında bir gözetim mekânı haline geldiğini ortaya koymaktadır. Her iki görüş de göz önüne alındığında, hazcı ahlak anlayışına sahip pragmatist düşünüş önemli bir yere sahiptir. Kullanıcı içerik üretsin ya da üretmesin dijital ağdan aldığı haz ve elde ettiği fayda doğrultusunda kullanım biçimini belirler ve bu doğrultu da sonuçlarına katlanır. Kullanım sonucunda yarar elde ediyorsa ağın sahibi olan kurumsallaşmış dijital şirketin kazanç elde etmesi ahlaki bir davranış olarak görülebilir. Ancak verilerin saklanması ve işlenerek kullanılması ile kişisel mahremiyetin tehdit altına alınması ise ahlaki boyutun tartışılmasını sağlayacaktır.

Dijital medya kuramcısı Lev Manovich yeni medya ve dijitalleşmeyi numerik ve veri kaynakları bağlamında sıkça irdele-

[186] Erdoğan ve Alemdar, Öteki Kuram, s. 143.

miştir. Manovich'e göre, dijital medya, mevcut medya kaynaklarının numerik veride ulaşılabilir olacak şekilde çevrilmesidir. Manovich, yeni iletişim teknolojilerini beş temel prensiple tanımlamıştır. Bu prensipler şu şekildedir: Sayısal Temsil, Modülerlik, Otomasyon, Değişkenlik ve Kod Çevirimi (Transcoding).[187] Sayısal temsil, ortamın kodlardan, yani matematiksel simge ve algoritmalardan oluşmasıdır. Böylece yeni ortamdaki bütün veriler sayılabilir ve programlanabilir bir hale gelerek daha tutarlı davranmaktadır. Modülerlik, yeni ortamların ortaya konuluş şekilleriyle doğrudan ilintilidir. Bir web sayfası örnek alınırsa, web sayfasındaki görüntü, ses ve yazı gibi elemanlar ayrı ayrı özelliklere sahiptir. Bunların bir araya gelip oluşturduğu web sayfasında bir değişiklik yapmak istendiğinde her eleman üzerinde bu değişiklik ayrı ayrı yapılmaktadır. Bu da modülerliği getirmektedir.[188] Birbirleri ile entegre çalışacak şekilde tasarlanan bu bileşenler belirlenen standartlar üzerinde uygulamaların beraber çalışmasını sağlamaktadır. Web 2.0 teknolojileri bu yönde birçok bileşen veya modülden oluşmaktadır. Otomasyon, yeni iletişim teknolojilerinin kullanıcı olmadan üretebildikleri faaliyetleri simgelemektedir. Bu duruma örnek olarak, kelime-işlem programlarının, kullanıcının bir tıklamasıyla bir davetiye üretmesi ya da bir komut yardımıyla elinde bulunan fotoğrafları bir albüm yapabilmesi verilebilir. Değişkenlik, sayısal temsil ve modülerliğin bir uzantısıdır. Yeni iletişim teknolojilerini, birbirinden oldukça katı bir biçimde ayrılan nesnelerin dahi aynı nesnenin uzantısı olarak farklı şekillerde sunulması değişkenlik özelliğiyle olanaklı kılınmaktadır. Yani, mevcut bir nesnesin birden çok şekille karşımıza çıkması mümkün olmaktadır. Kod çevirimi, yeni ortamların iki temel katmanını temsil etmektedir. Bunlar sosyal katman ve bilgisayar katmanıdır. Alışılagelmiş ortam prodüksiyonunun ve yayınının bilgisayarlar tarafından ele

---

[187] Manovich, The Language of New Media, s. 36.

[188] Manovich, a.g.e, s. 49-66.

alınmasıyla birlikte, geçmiş kültürel yargılar da bilgisayar ortamında diğer kullanıcılara kültürel geçişi entegre etmektedir. Tüm bu temel prensiplerin işaret ettiği ortak nokta, yeni iletişim teknolojilerinin sayısal bir nitelikte olmasıdır. Yani bütün veriler tanımlı ve dolayısıyla ölçülebilir bir durumdadır.

SOSYAL MEDYANIN SİYASİ PROPAGANDA ARACI OLARAK KULLANIMI

Jürgen Habermas'ın burjuva kamusal alan düşüncesi göz önünde bulundurulduğunda, onsekizinci yüzyılda başlayan gazetecilik ve devamında gelen kitle iletişim araçları kamusal alan oluşumundaki güdüleyici etken olmuşlardır. Kamusal akıl kitle iletişim araçlarının yaydığı enformasyon sayesinde modern dünyada farklı bir konuma yerleşmiştir. Bu noktada kitle iletişim araçlarının toplumsal forum oluşturmak gibi görevi vardır. Bağımsız kitle iletişim araçları kamusal alan görevi gereği, tarafsızlık ilkesine bağlı kalarak iktidarı ve mevcut hatalı uygulama ya da yasaları toplumu bilgilendirecek derecede iletme hakkına sahiptir. Ancak sanayi devrimi, kentleşme, tekelci kapitalizmin doğuşu, siyasi baskılar gibi sebeplerden ötürü kitle iletişim araçları tek düşünce ya da taraf olma konusunda bağlanmıştır. Bu bağlanma araçların kamusal alan işlevini yerine getiremeyecek duruma indirgenmesine sebep olmuştur. Halkın katılımcı duruşunun yerini izleyici olma durumu almıştır. Habermas ile ortak düşüncelere sahip olan Walter Benjamin burjuva kültürünün çözülmesini ayrıca enformasyonun kamusal alanda bir pazara dönüşmesi ve metalaşmasının etkisiyle ilişkilendirir. Siyasi erkler tarihsel süreç içerisinde toplumun kamusal akıl üretmesini ve bir araya gelerek kamusal akıl oluşturmasına karşı olmuştur. Onyedi ve onsekizinci yüzyılda kamusal alan işlevini gören Avrupa kafeleri yurttaşların bir araya gelerek siyaset konuştuğu alanlar olarak ön plana çıkmıştır. Ancak Fransız Devrimi'ne kadar hanedanlık kafeleri yasaklamıştır. Fransızlar için kafe, Fransız İhtilali'nden sonra zincirlerinden boşanan "toplumsallığın" kamusal meselelere karşı artan bir ilgi ve başkalarıyla dinamik bir alışveriş içinde olmaya duyulan arzunun somut ifadesi ve odak noktasını temsil eder.[189]

Propaganda fikir ekme ve yayma eylemidir. Propaganda hedef kitlenin fikirlerini, bilinçaltına seslenerek değiştirmeye çalışmaktır ve bu sesleniş biçim olarak baskıcı, inatçı ve zaaflardan yararlanmaktır.[190] Lippmann'a göre; propaganda insanların düşüncelerini ve sosyal modelleri bir başkasıyla değiştirmektir.[191] Bu tanım propaganda ile ilgili olarak yapılmış erken tarihli tanımlamalardandır. Kavram, içerik, biçim ve uygulama bakımından farklı tanımlara sahiptir. Tanımlama her ne olursa olsun temeldeki prensip, insan davranışlarını propagandacının fikirleri çerçevesinde güdüleme ve yönlendirmedir. Propagandacı kitlelere seslenmek durumunda olduğu için imkanlarının dâhilindeki her aygıtı kullanma çabası içerisine girmek durumundadır. Seslenme birçok yöntemin tek ya da çoğul olarak kullanımını gerektirir. İnsanları kategoriler içerisine yerleştirmek ve taraf olmalarını sağlamak yöntemler arasındadır. Politika yapıcılar özellikle kendi taraftar kitlelerinin onların sosyal medya hesaplarını takip etmelerini sağlayarak, gerçek yaşama paralel olarak "bizden" varsayımıyla siber cemaatlerini oluşturmaktadır. Bu sayede kendi söylemlerini ve haber üretimlerini takipçilerine duyurma-telkin imkânına sahip olurlar. Propagandanın konvansiyonel kitle iletişim araçlarının soğuk arabuluculuğundan kurtularak, sosyal medya aracılığıyla kendi kitleleriyle doğrusal bir bağ kurmaları sağlanmıştır. Bu doğrusallık inandırıcılıkla da doğru orantılıdır.

---

189 Kang, Walter Benjamin ve Medya, s. 50.

190 Çöteli, Propaganda Ve İslamofobi'nin İngiliz Kitle İletişim Araçlarından Yansımaları, s. 3.

191 Lippmann, Public Opinion, s. 16.

Bu sayede kendileri gibi düşünen ya da düşünmeye eğilimli yurttaşların şahsi aygıtlarına girme imkânına sahip olurlar. Propaganda usulleri arasında yer alan isimleri lakapla değiştirme yöntemi, sosyal medyanın, konvansiyonel kitle iletişim araçlarına göre daha akışkan olması sayesinde politikacıların fazlalıkla dillendirmelerine olanak sağlamaktadır. Üzerinde durulan lakap gündelik haber akışı içerisinde tekrarlanma sayısı, sosyal medya mesajlarından daha fazla olmayacaktır. Bununla birlikte propagandacı karmaşık söylemler yığını arasından amacına uygun olanları sosyal medya üzerinden daha sık yineleme imkânına sahiptir. Bir diğer propaganda yöntemi olan yalanlama, sosyal medyanın anlık ve çok sayıda mesaj iletme imkânı sayesinde, kitle iletişim araçlarına oranla daha başarılı bir strateji kurulmasına imkan verir. Bu strateji tekrar ve iddia yöntemleri için de kurulabilir. Özellikle tekrar propagandanın en temel ve gerekli yöntemleri arasındadır. Mesajların tek taraflı iletilmesi ve karşılığında alınan yorumların bazı sosyal medya uygulamalarının imkân vermesi sayesinde silinebilir olması, propagandacının nadiren tartışmaya girmesine kolaylık sağlar. Öte yandan metinler-dilsel dünyası olan Twitter, kullanıcıların kendi hesapları üzerinden verdiği cevapların propagandacı tarafından silinmesine ya da engellenmesine imkân tanımaz. Politikacının rakiplerini tanımlaması ve onlar hakkında yayınladığı görsel ve yazınsal içerikler sosyal medyada kesintiye uğramadan alıcılara ulaşmaktadır. Bu sayede propagandacı kendi otoriter teyidini de sağlamış olur. Sosyal medya kamuoyu oluşturmada önemli bir araçtır. Toplumsal hareketlerde ve siyasi propagandalarda günümüzde yaygın kullanılmaktadır. Başta Twitter olmak üzere Facebook, Instagram, Youtube toplumsal hareketler öncesinde ve esnasında kitlelerin harekete geçmesinde ve hareketin kamuoyuna iletilmesinde önemli bir rol üstlenmişlerdir.[192] Başarının en önemli se-

---

[192] Çavuşoğlu ve Pekkaya, Siyasal Propaganda Araçlarının Seçmen Tercihine Etkisi: Zonguldak Örneği, s. 97.

beplerinden birinin yurttaş katılımı söylenebilir. Bir diğer unsur ise, sosyal medyanın semboller, öyküler ve görünümler dünyası olmasıdır. Özellikle güvenilen kişilerin paylaştığı görsel semboller etkili propaganda unsurlarıdır. Harold Lasswell propagandayı tanımlarken, düşüncenin anlamlı semboller tarafından ya da konuşmanın daha fazla hissedilebilir ve daha az doğrulukla öyküler, söylentiler, haberler, resimler ve toplumsal iletişimin diğer biçimleriyle kontrol edilebildiğini söyler.[193] Sosyal medya, geleneksel kitle iletişim araçları gibi ve bazen de ondan daha fazlasıyla anlamlı sembollerin üretildiği, öykülerin yayıldığı, haberlerin dolaştığı ve resimlerin sıklıkla el değiştirdiği bir alandır. Geleneksel kitle iletişim araçlarından en belirgin ayrıldığı nokta ise yurttaş katılımı ve yurttaşların içerik oluşturup, onu yayma imkânına sahip olmasıdır.

İçeriğin kullanıcı tarafından kolayca üretilip yayılması, sosyal medyanın siyasetçiler tarafından da kendi kitlelerine seslenmeleri için tercih haline gelmiştir. Çoğunlukla propaganda çalışmaları siyasi mitinglerde ve geleneksel kitle iletişim araçlarında yapılmakta ve sosyal medya bu konuda destek işlevi üstlenmektedir. Sosyal medya propaganda türlerinden olan siyah propaganda ve gri propaganda türleri için de açık bir sahadır. Bu anlamda karşı siyasal görüşler video ve fotoğrafların kurgulanması yoluyla manipüle edilerek servis edilmesi için en uygun zemin olarak aktif biçimde kullanılmaktadır. Siyasi bir çalışma konusunda sosyal medyanın başarıya ulaştığı kampanyalardan en başarılı olarak görüleni, Amerika Birleşik Devletleri başkanlık seçiminde Barrack Obama'nın 2008 yılında yürüttüğü kampanya gösterilmektedir.

Barack Obama'nın 2008 yılı başkanlık seçimlerini kazanmak için attığı en önemli adımlardan birisi sosyal medyayı aktif propaganda alanı olarak kullanmak oldu. Barack Obama seçim

---

[193] Lasswell, Propaganda Technique in The World War, s. 9.

kampanyasını internet üzerinden de yürütmek için Facebook'un ortak kurucusu olan Chris Hughes ile anlaştı. Chris Hughes, Facebook'taki görevinden istifa edip kısa bir sürede kendine bir ekip kurdu. Bu ekiple birlikte Barack Obama'nın sosyal medya stratejilerini geliştirdi. Uzun bir süre doğru platformlarda doğru stratejilerle hareket ederek, Barrack Obama'yı bir medya ikonu haline getirdi. Sosyal medya ve web sitelerinden elde ettiği başarılar: [194]

Obama'nın toplam 400 gün süren kampanya sürecinde videoları tam 889 milyon kere izlenerek rekor kırdı.

- MyBarackObama isimli sanal bir topluluk kuruldu. 2 milyon kişinin üye olduğu (seçim döneminde) bu site aracılığıyla 200 bini aşkın etkinlik düzenledi, 30 milyon Dolar bağış toplandı.
- Obama sosyal ağ sitelerini ve oyunları (facebook, twitter) çok iyi kullandı ve bu sayede politikayla ilgilenmeyen gençleri de harekete geçirdi. Obama'ın ilginç bir şekilde, bazı oyunların direkt olarak içine reklam verdi. Obama'nın dijital reklamlar için harcadığı rakam ise yaklaşık 8 milyon dolar.
- Obama'nın seçim kampanyasında Youtube için hazırlanan resmi videosu 14,5 milyon saat boyunca seyredildi. Bu gün televizyon üzerinden 14 milyon saatlik yayın almanın bedel ise 47 milyon dolar.
- Obama, Moveon.org gibi online gruplardan da destek gördü. Burada açılan grup Obama için özel bir sayfa hazırlayıp, gurubun üyelerine çağrıda bulunarak sadece bu sayfada beşyüzbin dolar bağış topladı.

Bu yöntemler dışında sosyal medyanın görünürlük mekânı olmasının getirdiği avantaj ile politikacılar, kendi ve kararsız

---

[194] www.radikal.com.tr, 20.04.2017.

kitlelere arkası kesilmeyen diyalog oluşturma zemininden faydalanmaktadırlar. Sosyal medyanın aktif kullanımını gerektiren bir diğer ihtiyaç ve sosyal medyanın sağladığı avantaj ise, geleneksel kitle iletişim araçlarının kitleler üzerinde yarattığı güvensizlik halidir. Büyük medya kuruluşları ya da ana akım medya politik duruş sergileyerek ve bu duruşu mevcut konjonktüre göre adapte etmeye çalışması bireylerde güven azalmasına sebep olmuştur. Buna istinaden geleneksel kitle iletişim araçlarının yarattığı güvensizlik hali henüz sosyal medya üzerinde oluşmamıştır. Özellikle 2020 tiribariyle bu güvensizliğin yaşanmaması için sosyal medya şirketlerinden Twitter, özellikle politikacılardan paylaşımlarına dair teyit isteyeceğini duyurdu. Bunun en önemli sebebi sosyal medyanın televizyona oranla daha kişiselleşmiş araçlardan kullanılabilir olması ve zaten sosyal medya hesaplarının da kişiselleşmiş hesaplar olmasıdır. Öte yandan sosyal medyada, birbiriyle ilişki içerisinde bulunulan diğer ağ toplumu fertleri tarafından karşılıklı güvene dayalı olması önemlidir. Ağa bağlı bireylerin karşılıklı güveni yayılan enformasyonu ve tabi ki propaganda unsurlarını da güvenilir kabul edilmesini sağlar. Her ne kadar geleneksel kitle iletişim araçları kitleleri homojen bir yapı içerisinde görse de sosyal medya da bir o kadar heterojendir. Bu heterojenlik ve doğrudan yurttaş katılımı, sosyal medyada kamusal akıl oluşmasına fırsat tanır. Ayrıca sosyal medyanın demokratik yapısının kurulmasında ve korunmasında üstünlük sağlayacaktır.

Sosyal medyanın yurttaş katılımlı demokratik yapısının gücü kendisini, dijital aktivist hareketlerle de göstermiştir. Hükümetler toplumsal olaylara karşı ya da topluma yayılmasını istemediği bir enformasyon durumunda interneti kapatmaya ya da kısıtlamaya çalışarak, kullanıcıları katatonik bir duruma büründürüp hareketsizleştirebileceğini düşünse de kullanıcılar engelleri aşmanın yollarına sahiptir. Kendall L. Su'ya göre, bir grup yazar sosyal medya üzerinde kontrolün çok da etkin olmayacağını ileri sürmektedir.[195] Hükümetler açısından sosyal medya üzerinde işletilebilecek kontrol sınırlıdır. Hükümetlerin sosyal medyayı kontrol altına alma çabaları çoğunlukla mahkeme kararıyla lokal olarak erişimi sınırlandırmak şeklinde olabilir. Bir diğer yöntem ise; yasal yollara başvurarak, mahkeme kararıyla uygunsuz içeriğin kaldırılması talebidir. Her tür yerel engellemelere rağmen kullanıcılar ek yazılımlar ve uygulamalarla sosyal medya hesaplarına ulaşabilmek konusunda günümüzde deneyim kazanmış durumdadır. Çoğunlukla içeriğin kaldırılmasına yönelik talepler ifade özgürlüğü kapsamında kabul edilerek sosyal medya şirketleri tarafından geri çevrilmektedir. 6 Mart 2007'de Youtube'a erişim yasağı getirilmişti. Bunun gerekçesi ise 5816 kanuna muhalefet eden Atatürk'e yönelik hakaret içeren videoların varlığıydı. Youtube'a karşı girişilen yasal mücadelenin yanı sıra Türkiye'deki kullanıcılardan gönderilen protesto epostaları sayesinde Youtube bu içerikleri kaldırmış ve Atatürk aleyhine bu türden girişimleri engelleme sözü vermiştir.

Avrupa Konseyi Bakanlar Komitesi'nin 840. (28 Mayıs 2003) toplantısında kabul edilen İnternet'te İletişim Özgürlüğü Deklarasyonu'na göre; üye devletler internet yayınlarına "Devletin önceden kontrolde bulunmaması" ilkesini kabul etmiştir.[196] Bu deklarasyona göre, devletler internete genel filtremeler ve engelleme yaparak kamunun erişimini yasaklayamaz. İstisnai olarak çocuklar için uygunsuz içeriklere filtreleme yapılabilir. Ancak yasadışı içeriklerin varlığı hakkında bir karar verilmesi durumunda içeriğe ya da web sitesine -sosyal medya dahil- erişim engellemesi yapılabilir. Burada bahsedilen yasadışı içerikler devletin bölünmez bütünlüğüne karşı üretilmiş bir içerik ya da kişi onur, şeref ve haysiyetine yönelik saldırılar gibi ceza kanununda açıkça belirtilmiş durumları kapsamaktadır.

---

195 Akt. Kuşay, Sosyal Medyanın Gücü ve Uygulama Örnekleri, s. 70.

196 İlkiz, http://bianet.org/bianet/medya/93199-youtube-ve-ataturke-hakaret erişim 26.03.2017.

KAYNAKÇA

Altuntuğ, N. (2012). Kuşaktan Kuşağa Tüketim Olgusu Ve Geleceğin Tüketici Profili. Organizasyon Ve Yönetim Bilimleri Dergisi, 4(1), s. 203-212.

Aşkın, M. (2007). Kimlik ve Giydirilmiş Kimlikler. Atatürk Üniversitesi Sosyal Bilimler Enstitüsü Dergisi, 10(2), s. 213-220.

Aydoğan, F. (2010). İkinci Medya Çağında İnternet. (İçinde İkinci Medya Çağında İnternet. Ed. Filiz Aydoğan ve Ayşen Akyüz). İstanbul: Alfa.

Aytaş, M. (2008). Küreselleşme Teknolojileri Üzerinde Mekânsızlığın İnşası ve Nesnenin Dönüşümü. (İçinde Küreselleştirme Makinesi: Medya. Ed. Can Bilgili, ve Nesrin Tan Akbulut). S. 145-154. İstanbul: Beta.

Bagdikian, B. (2016). Yeni Medya Tekeli. İstanbul: Akılçelen.

Baştürk, E. (2016). Lacan'cı Teori Bağlamında Sosyal Medya. (Ed. Çağlar Deniz, Banu Hülür, Yeni Medya ve Toplum içerisinde). İstanbul: Literatür Türk.

Baudrillard, J. (2010). Sanat Komplosu Yeni Sanat Düzeni ve Çağdaş Estetik 1, İletişim Yayınları, İstanbul.

Baudrillard, J. (2014). Simülakrlar ve Simülasyon, Doğu Batı Yayınları, İstanbul.

Bauman, Z. (2004). Identity. Cambridge: Polity Press.

Bauman, Z. (2010). Küreselleşme. İstanbul: Ayrıntı.

Bauman, Z. (2011). Bireyselleşmiş Toplum. İstanbul: Ayrıntı.

Bauman, Z. (2013). Modernite, Kapitalizm, Sosyalizm. İstanbul: Say Yayınları.

Beutell, N. J. ve Wittig-Berman, U. (2008). Work-Family Conflict and Work-Family Synergy for Generation X, Baby Boomers, and Matures. Journal of Managerial Psychology, 23(5).

Bozkurt, A. (5-7 Şubat 2014). Ağ Toplumu ve Öğrenme: Bağlantıcılık. XV. Akademik Bilişim. Mersin: Mersin Üniversitesi.

Castells, M. (2000). The Rise of the Network Society. Blackwell: Oxford.

Castells, M. (2004). Ağda Küreselleşme, Kimlik ve Toplum. (İçinde Küresel Kuşatma Karşısında İnsan. Ed. Mustafa Armağan). s. 107-138). İstanbul: Ufuk.

Chee, Y. S. (2007). Embodiment, Embeddedness, and Experience: Game-Based Learning and the Construction of Identity. Research and Practice in Technology Enhanced Learning 2 (1), s. 3-30.

Condor, S. (1990). Social Stereotypes and Social Identity. (İçinde Social Identity Theory: Constructive and Critical Advances, Ed. Dominic Abrams and Michael Hogg). S. 230-251. London: Harvester Wheat Sheaf.

Cruz-Neira, C., Sandin, D., DeFanti, T. (1993). Surround-Screen Projection-Based Virtual Reality: The Design and Implementation of the Cave. Proceedings of Siggraph'93. S. 135-142.

Çetin, M., Özgiden, H. (2013). Dijital Kültür Sürecinde Dijital Yerliler ve Dijital Göçmenlerin Twitter Kullanım Davranışları Üzerine Bir Araştırma. Gümüşhane Üniversitesi İletişim Fakültesi Dergisi, 2(1), s.172-189.

Çoban, B. (2014). Sosyal Medya D\evrimi. (içinde Sosyal Medya Devrimi. Ed. Barış Çoban). S. 9-21. İstanbul: Su.

Çöteli, S. (2012). Propaganda ve İslamofobi'nin İngiliz Kitle İletişim Araçlarından Yansımaları. Akademik Bakış Dergisi (33), s. 1-17, Kırgızistan.

Çöteli, S. (2018). Cyber Public Sphere and Social Movements. Baden Baden: Nomos.

Dahlgren, P., (2005). Internet, Public Spheres, and Political Communication. Political Communication, (22), s. 147–162. New York: Routledge Taylor & Francis.

Davis, K. ve Patterson, D. (2012). Ethics of Big Data. Sebastopol: O'Reilly Media.

Dawson, M. Ve Foster, John, B. (2003). Sanal Kapitalizm: Tekelci Sermaye, Pazarlama ve Enformasyon Otobanı. (İçinde Kapitalizm ve Enformasyon Çağı. Ed. Robert W. McChesney, Ellen M. Wood ve John B. Foster). Ankara: Epos.

Değirmencioğlu, G. (2014). Yeni Medya Çağında Haberciliğin Dönüşümü: Yurttaş Gazeteciliği Bağlamında Hiper Yerel Gazetecilik. (İçinde Yeni Medya Üzerine Vol. 2, Ed. Müge Demir). Konya: Literatür Türk.

Demircan, B. (2016). İnternet Kamusal Alan Olabilir mi?. (İçinde Yeni Medya ve Toplum, Ed. Çağlar Deniz, Banu Hülür). İstanbul: Literatür.

Deuze, M. (2006). Participation, Remediation, Bricolage: Considering Principal Components of a Digital Culture. The Information Society 22(2), s. 63-75.

Dijk V. J., (2006). The Network Society. London: Sage Publications.

Doğan, M. E. (2-4 Şubat 2011). Enformasyonel İş Gücü İçin Yeni Bir Öğrenme Yaklaşımı: Bağlantıcılık. XIIII. Akademik Bilişim, s. 171-177. Malatya: İnönü Üniversitesi.

Dostoyevski, F. M., (2014). Suç ve Ceza. İstanbul: İş Bankası Yayınları.

Downes ve McMillan, (2000). Defining Interactivity, New Media and Society. 2(2), Sage Publications, S. 157-159.

Erdoğan, İ., ve Alemdar, K. (2010). Öteki Kuram. İstanbul: Erk.

Erdoğan, İ. (2004). Popüler Kültürün Ne Olduğu Üzerine. Eğitim Dergisi, 57, s. 1-23.

Fernandez, S. (2009). Comparing Generation X to Generation Y on Work-Related Beliefs, Yayınlanmış Yüksek Lisans Tezi, San Jose State University.

Gans, H. (2005). Popüler Kültür ve Yüksek Kültür. İstanbul: Yapı Kredi Yayınları.

Goffman, E. (1971). Relations in Public: Microstudies of the Public Order. New York: Basic Books.

Goffman, E. (1990). Presentation of Self in Everyday Life. London: Penguin Books.

Güven, Sevgi, K. (2008). Yeni Dünya Düzeni İçinde Enformasyon Teknolojilerinin Vaatleri ve Tehditleri. İstanbul Üniversitesi İletişim Fakültesi Dergisi, (34), s. 69-86.

Hall, S. (1992). The Question of Cultural Identity. (İçinde Modernity and Its Futures, Ed. Stuart Hall, David Held ve Tony McGrew). S. 274-316. Cambridge: Polity Press.

Harber, Jeffery, G. (2011). Generations in the Workplace: Similarities and Differences, Yayınlanmış Yüksek Lisans Tezi, East Tennessee State University.

Hartmann, K. (2014). Küresel Çarkın Dışında Kalanlar. İstanbul: Ayrıntı.

Harvey, D. (1996). Justice, Nature and The Geography of Difference. Oxford: Blackwell.

Hegel, Georg W. F. (2018). The Phenomenology of Spirit. (Ed. Terry Pinkard). Cambridge: Cambridge University Press.

Heilbroner, R. (1967). Do Machines Make History?. Technology and Culture, 8(3) 335-345.

Heilbroner, R., (1994). Technological Determinism Revisited. (İçinde Does Technology Drive History?: The Dilemma of Technological, Ed. Merritt Roe Smith ve Leo Marx). Londra: The MIT Press.

Hepp, A. (2015). Medyatikleşen Kültürler. İstanbul: Dipnot.

Howard, Philip, N. (2006). New Media Campaigns and the Managed Citizen. Cambridge: Cambridge University Press.

Howe, N. ve Strauss, W. (1991). Generations. William Morrow and Company: New York.

Hurwitz, J., Nugent, A., Halper, F. ve Kaufman, M. (2013). Big Data For Dummies. New Jersey: John Wiley & Sons.

Husted, E. (2015). From Creation to Amplification: Occupy Wall Street's Transition into an Online Populist Movement. (İçinde Civic Engagement and Social Media: Political Participation Beyond Protest. Ed. Julie Uldam ve Anne Vestergaard). Hampshire: Pagrave MacMillan.

Çavuşoğlu, H., Pekkaya, M. (2015). Siyasal Propaganda Araçlarının Seçmen Tercihine Etkisi: Zonguldak Örneği. Eskişehir Osmangazi Üniversitesi İİBF Dergisi, Aralık 2015, 10(3), s. 91- 115.

Işık, G. (2013). Sanaldan Sokağa Toplumsal Hareketler. Ankara: Nobel Akademik Yayıncılık.

İşman, A., ve Albayrak, E. (2014). Sosyal Ağlardan Facebook'un Eğitime Yönelik Etkililiği. Trakya Üniversitesi Eğitim Fakültesi Dergisi, 4(1), s. 129-138.

Karaduman, M. (2005). Yeni İletişim Teknolojileri ve Medya. İstanbul: IPS İletişim Vakfı Yayınları.

Karaırmak, Ö ve Siviş, R. (2008). Modernizmden Postmodernizme Geçiş ve Pozitif Psikoloji, Türk Psikolojik Danışma ve Rehberlik Dergisi, 3(30), s. 102-115.

Karakulakoğlu, S., E. (2012). Sosyal Medyanın Karanlık Yüzü. The Turkish Online Journal of Design, Art and Communication, 2(4), s. 32-40.

Kang, J. (2015). Walter Benjamin ve Medya. İstanbul: Kafka

Kellner, D. (1992). Popular Culture and the Construction of Postmodern Identities. (İçinde Modernity and Identity. Ed. Scott Lash ve Jonathan Friedman). S. 141-178. Oxford: Blackwell.

Kennedy, H. (2014). Beyond Anonymity, or Future Directions for Internet Identity Research. (İçinde Identitiy Technologies. Ed. Anna Poletti ve Julie Rak). S. 25-41. Wisconsin: The University of Wisconsin Press.

Köse, H. (2007). Küresel "Akıntıya Karşı" Sivil Arayışlar Alternatif Medya". İstanbul: Yirmidört.

Köseoğlu, Ö. (2013). Bir Pazarlama İletişimi Ortamı Olarak Facebook: Reklam ve Elektronik Ağızdan Ağıza Mesajların Karşılaştırılmasına Yönelik Bir Analiz. Global Media Journal Turkish Edition, 3(6), s. 74-101.

Kuşay, Y. (2010). Sosyal Medyanın Gücü ve Uygulama Örnekleri. (İçinde İkinci Medya Çağında İnternet. Ed. Filiz Aydoğan ve Ayşen Akyüz). İstanbul: Alfa.

Laclau, E. (2005). On Populist Reason. London: Verso Books.

Larrain, J. (1995). İdeoloji ve Kültürel Kimlik Üçüncü Dünya Gerçeği. İstanbul: Sarmal Yayınevi

Lasswell, H. (2013). Propaganda Technique in The World War. Connecticut: Martino Publishing.

Lewis, J. (2008). Cultural Studies. London: Sage.

Lievrouw, L. (2011). Alternative and Activist New Media. Cambridge and Malden: Polity.

Lippmann, W. (1997). Public Opinion. New York.: Press Paperbacks, Macmillan.

Maia, Ivan F., ve José Armando V. (2012). Digital Identity Built on a Cooperative Relationship. (İçinde Digital Identity and Social Media. Ed. Steven Warburton ve Stylianos Hatzipanagos). S. 58-75. Pennsylvania: IGI Global.

Manovic, L. (2001). The Language of New Media. Massachusetts: MIT Pres.

Mascheroni, G. (2007). "Global Nomads" Network and Mobile Sociality: Exploring New Media Uses on the Move. Information, Communication, and Society, 10(4), s. 527-546.

Micalizzi, A. (2014). Cyber-Self: In Search of a Lost Identity?. (İçinde Identity Technologies. Ed. Anna Poletti ve Julie Rak). S. 217-229. Wisconsin: The University of Wisconsin Press.

Misa, T. J., (1994). Retrieving Sociotechnical Change from Technological Determinism. (İçinde Does Technology Drive History?: The Dilemma of Technological. Ed. Merritt Roe Smith ve Leo Marx). Londra: The MIT Press.

Negroponte, N. (2001). Yarına Yolculuk. „Teknolojinin Yarını" konferansı Nicholas Negroponte kitapçığı, 28 Mayıs 2001. Garanti Bankası.

Oskay, Ü. (2000). Tek Kişilik Haçlı Seferleri. İstanbul: İnkılap Yayınevi.

Özel, A. (2016). Sanat Tarihine Giriş. İstanbul: Su.

Özmen, S. (2004). Kamusal Alan Olarak Televizyonda Devlet Otoritesine Direnenler Ve Televizyon Dizilerinde Temsili. Yayınlanmış Doktora Tezi. İstanbul: T.C. İstanbul Üniversitesi, Sosyal Bilimler Enstitüsü, Radyo Televizyon Sinema Anabilim Dalı.

Palfrey, J. ve Gasser, U., (2008). Born Digital, Understanding The First Generation of Digital Natives. New York: Basic Books.

Pektaş, H. (1987). Reklam Nedir? İşlevi Etkileri Nelerdir?. Ondokuz Mayıs Üniversitesi Eğitim Fakültesi Dergisi 2(1), s. 222-231.

Prensky, M. (2001). Digital Natives, Digital Immigrants. On the Horizon, 9(5), s. 1-6.

Ross, Sir William D. (2000). Plato's Theory of Ideas. Oxford: Oxford University Press.

Smith, Michael, D. ve Telang, R. (2016). Streaming, Sharing, Stealing. Cambridge: The MIT Press.

Smola, K. W., ve Sutton, C. D. (2002). Generational differences: revisiting generational work values for the new millennium. Journal of Organizational Behavior, 23(4), s. 363–382.

Stevenson, N. (2008). Medya Kültürleri: Sosyal Teori ve Kitle İletişimi. İstanbul: Ütopya Yayınevi.

Subrahmanyam, K, ve David, Š. (2011). Digital Youth: The Role of Media in Development. New York: Springer.

Taylan, H. H., ve Arklan, Ü. (2008). Medya ve Kültür: Kültürün Medya Aracılığıyla Küreselleşmesi. Afyon Kocatepe Üniversitesi Sosyal Bilimler Dergisi, 10(1), s. 85-97.

Tilly, C. (2007). Democracy. Cambridge: Cambridge University Press.

Timisi, N. (2003). Yeni İletişim Teknolojileri ve Demokrasi. Ankara: Dost.

Touraine, A. (2015). Demokrasi Nedir?. İstanbul: Yapı Kredi Yayınları.

Turner, John, C. (1975). Social Comparison and Social Identity: Some Prospects for Intergroup Behaviour. European Journal of Social Psychology 5 (1), s. 5-34.

Turner, John C. ve Rupert, B. (1978). Social Status, Cognitive Alternatives, and Intergroup Relations. (İçinde Differentiation Between Social Groups: Studies in the Social Psychology of Intergroup Relations. Ed. Henri Tajfel). S. 201-234. Oxford: Academic Press.

Twenge, J. M. (2010). A review of the empirical evidence on generational differences in work attitudes. Journal of Business and Psychology, 25(2), s. 201–210.

Twenge, J. M., Zhang, L., ve Im, C. (2004). It's beyond my control: A cross-temporal meta-analysis of increasing externality in locus of control, 1960-2002. Personality and Social Psychology Review, 8(3).

Törenli, N. (2005), Yeni Medya, Yeni İletişim Ortamı. Ankara: Bilişim ve Sanat Yayınları.

Varol, Sibel F. (2016). Temsil, İdeoloji, Kimlik. İstanbul: Varlık.

Watkins, Craig S. (2009). The Young and The Digital. Boston: Beacon Press.

Weeks, J. (1990), The Value of Difference. (İçinde Identitiy: Community, Culture, Difference. Ed. Jonathan Rutherford). London: Lawrence & Wishart

Williams, R. (1994). The Political and Feminist Dimensions of Technological Determinism. (İçinde Does Technology Drive History?: The Dilemma of Technological, Ed: Merritt Roe Smith ve Leo Marx). Londra: The MIT Press.

Yavuz, H. (2009). Türkiye'nin Zihin Tarihi. İstanbul: Timaş.

Yeniçıktı, N. T. (2014). İletişimsel Eylem Ve Facebook: Gezi Parkı Olaylarında Sosyal Medyanın Gücü. Selçuk İletişim Dergisi, 8(2), s. 263-284.

Yetişkin, E. (2016). Sosyal Medya ve Sıradanlaşan Gözetim. (İçinde Banu Hülür, Yeni Medya ve Toplum. Ed. Çağlar Deniz). İstanbul: Literatür.

Yılmaz, A. (2012). Sosyal Medya Kullanımında Güncel Tartışmalar: Üniversite Öğrencileri Örneğinde Mahremiyet - Kamusal Alan İlişkisi. Global Media Journal Türkiye, 3(5), s. 246-264.

İnternet Kaynakları:

Akyazı, E., ve Ünal, A. T. İletişim Fakültesi Öğrencilerinin Amaç, Benimseme, Yalnızlık Düzeyi İlişkisi Bağlamında Sosyal Ağları Kullanımı. Global Media Journal Türkiye Yeditepe Üniversitesi: http://globalmediajournaltr.yeditepe.edu.tr/sites/default/files/Erhan%20AKYAZI%20-%20Aylin%20TUTGUN%20U%CC%88NAL.pdf. Erişim: 02.03.2017.

Gilson G., Rodrigo S. ve Jauvane C. de Oliveira. Introduction to Virtual Reality. http://www.lncc.br/~jauvane/papers/RelatorioTecnicoLNCC-0603.pdf

Gürcan, Halil İ. ve Batu, Ç. (2001), "İnternet Haberciliğinde Sanal Yazı İşleri ve Gazetecilikte Değişen Roller", VII. Türkiye'de İnternet Konferansı, İstanbul: Askeri Müze, 1-3 Kasım 2001, http://inet-tr.org.tr/inetconf7/eposter/ gurcan-batu.html

Harms, J. ve Kellner, D. Toward A Critical Theory of Advertising. http://www.uta.edu/huma/illuminations/ kell6.htm. Erişim: 05.05.2019

IAB Internet Advertising Revenue Report 2016 First Six Months Results, https://www.iab.com/wp-content/uploads/ 2017/12/IAB-Internet-Ad-Revenue-Report-Half-Year-2017-REPORT.pdf

IAB Türkiye İnternet Reklam Yatırımları Raporu https://www.iabturkiye.org/iab-2018-ilk-yari-dijital-reklam-yatirimlari-aciklandi

IAB Amerika Birleşik Devletleri İnternet Reklam Yatırımları Raporu https://digitalage.com.tr/abd-2018-ilk-yari-dijital-reklam-yatirimlari-aciklandi/

İlkiz, F., Youtube ve Atatürk'e Hakaret. http://bianet.org/bianet/ medya/93199-youtube-ve-ataturke-hakaret. Erişim Tarihi 26.03.2017.

ITU, Measuring Information Society 2013, https://www.itu.int/en/ITU-D/Statistics/Documents/ publications/mis2013/MIS2013_without_Annex_4.pdf.

Jones, C. ve Shao, B. The Net Generation and Digital Natives: Implications for Higher Education, http://citeseerx.ist.psu.edu /viewdoc/download?doi=10.1.1.470.7331&rep=rep1&type= pdf.

Türkoğlu, N. (2006). Şeytan'ın Akordeonu ve Sazı: Medyada Bolluklar ve Boşluklar. Küresel İletişim Dergisi Spring (1).

http://globalmedia-tr.emu.edu.tr/bahar2006/Davetli_ Yazilarr/nur_ay%20t_rkoglu.%20medyada%20bolluklar%20 ve%20bosluklar.pdf

Wood, S. (2017). Generation Z as Consumers: Trends and Innovation. NC State University, https://iei.ncsu.edu/wp-content/uploads/2013/01/GenZConsumers.pdf

Tablo ve Şekiller:

Tablo 1. Dünyada İnternet Kullanımı ve Nüfus İstatistiği. (2019). https://www.internetworldstats.com/stats.htm

Tablo 2. Dünyadaki İnternet Kullanıcılarının Dünya Nüfusuna Oranı. (2019). https://www.internetworldstats.com/stats.htm

Şekil 1. Cisco, (2018). https://www.cisco.com/web/IT/local_offices/img/foto_big/Cisco_TelePresence_3000_2.jpg

Şekil 2. Itechify (2018). https://i0.wp.com/itechify.com/wp-content/uploads/2016/04/oculus-rift-inside.jpg?fit=1068%2C583&ssl=1

Şekil 3. Vrscout (2018). https://l3apq3bncl82o596k2d1ydn1-wpengine.netdna-ssl.com/wp-content/uploads/2016/02/gear-vr-be-fearless-2-1024x576.png